"초급 아헹가 요가"

Geeta S. 아헹가

아헹가 요가 연구소(RIMYI)에서 가르치는 강의안에 따른 아사나 및 프라나야마 기초 과정

파탄잘리Patañjali께 드리는 기도

yogena cittasya padena vācāṁ
malaṁ śarīrasya ca vaidyakena
yopākarottaṁ pravaraṁ munīnāṁ
patañjaliṁ prāñjalirānato' smi
ābāhu puruṣākāraṁ
śaṅkha cakrāsi dhāriṇam
sahasra śirasaṁ śvetaṁ
praṇamāmi patañjaliṁ

구루지Gurujī에게 바침

순수하든, 무지하든, 총명하든,
젊든, 나이 들었든, 병약하든,
그리고 남자, 여자, 아이,
초보자, 숙련자, 고급 수행자 등
모든 수련생 하나하나를
차별 없는 열정과 열의로
최상의 경지로 이끌어 주시는
스승님께 경배합니다.

YOG,
Mumbai.

1st Published 2000 by YOG
Utkarsh, Prabhadevi,
Mumbai 400 025.
India.

초판발행 : 2011년 6월 7일
5쇄 발행 : 2023년 11월 30일
지은이 : Geeta S. Iyengar
옮긴이 : 玄天, 이기하
펴낸이 : 정문수
펴낸곳 : 도서출판 禪요가
주　소 : 경기도 파주시 법원읍 만월로 756
연락처 : 031)959-9566
등록일 : 2004년 2월 13일
등록번호 : 제342-2004-000020호
홈페이지 : www.유가선원.com / www.iyengar.co.kr
ISBN : 978-89-957970-6-8

서 문

YOG(Youth's Offerings to Guruji)는 요가를 처음 시작하는 사람들을 위해 구루지Gurujī가 작성한 강의안을 토대로 한 『초급 아헹가 요가』를 출판하게 된 것을 매우 기쁘게 생각합니다. 이 책은 아헹가 요가 연구소(RIMYI)의 기초 과정에 참여하는 사람들에게 실질적인 길잡이가 되도록 썼습니다.

흔히 초보자들은 혼자서 수련을 하려고 할 때 수업 시간에 배운 것을 잊어버리고 어디서부터 시작해야 할지 잘 몰라 혼란스러워합니다. 이 책은 그런 사람들이 수업 시간에 교사들에게 먼저 배우고 난 후 집에서 수행을 할 때 길잡이가 되어 줄 것입니다.

이 책은 아사나의 수행과 관계있는 운동 관점 접근법action-wise approach을 따라 아사나를 배우고자 하는 학생들의 기억을 증진시키기 위한 것입니다. 아람바아바스타Āraṁbhāvasthā, 즉 시작하는 단계의 모든 지원자들은 자신이 정확하게 무엇을 해야 하는지를 알아야 합니다. 이 책은 수련생들에게 사다나sādhanā를 하는 방법을 안내하고 자아 탐구(스바드야야svādhyāya)의 올바른 방법을 보여 주며 올바른 방향으로 의지력을 이끌어 특히 요가의 길에 새로 들어선 사람들에게

수행(아비야사abhyāsa)에 대한 시각을 갖게 해 줍니다.

이 책의 목적은 결코 각 아사나의 자세하고 정교한 기술을 보여 주는 것에 있지 않습니다. 왜냐하면 이는 수업 시간에 교사가 가르치는 동안 이루어지기 때문입니다. 더 자세한 사항과 미묘한 부분은 저의 책 『Yoga: A Gem for Women』뿐 아니라 구루지Gurujī의 『요가 디피카Light on Yoga』, 『요가 호흡 디피카Light on Prāṇāyāma』 및 『요가 수트라 Light on the Yoga Sūtras of Patañjali』에서 공부할 수 있습니다. 모든 수행자들은 주제의 깊이를 깨닫기 위해 위에 언급한 책들을 자주 참고하는 것이 좋습니다.

『초급 아헹가 요가』는 요가의 끝이 아니라 시작입니다. 이 책은 수행자들의 내면으로부터 요가의 숨은 힘을 타오르게 하여 요가의 여행길에 빛을 던져 줍니다.

여러분의 요가 여행에 파탄잘리Patañjali의 축복이 함께하기를…

- Geeta. S. 아헹가 -

감사의 말

YOG는 『초급 아헹가 요가』를 출판하기 위해 바쁜 스케줄에도 불구하고 귀중한 시간과 노력을 쏟아 주신 모든 사람들에게 진심으로 감사를 드립니다.

이 책의 출판을 준비하는 데에는 엄청나게 많은 노력이 필요하였습니다. 출판에 관련된 모든 사람들은 끊임없이 읽고, 교정하고, 편집하고, 타이프를 치고, 구두점을 찍고, 배열과 디자인 작업을 해야 했습니다. YOG는 스테파니 쿼크Stephanie Quirk, 라야 다발레Raya Dhavale, 우마 다발레Uma Dhavale, S. M. 와그Wagh, 소니 스튜디오의 찬드루 멜와니Chandru Melwani, 데브키 데사이Devki Desai, 케이우르 다스티Keyur Dasti, 로이스 스타인버그Lois Steinberg, 닐라 카르니크Neela Karnik 등 여러분들의 아낌없는 도움에 감사의 마음을 전합니다.

그리고 이 책을 인쇄해 주신 하이플론 애드버타이징Highflown Advertising에도 감사를 드립니다.

목 차

서 론

이 책은 요가를 처음 시작하는 사람들을 위해 요가의 강의안을 소개하려는 목적으로 만들어졌다. 책의 내용은 1994년 9월 인도의 푸네Pune에 있는 아헹가 요가 연구소(RIMYI)에서 "액션 요가Yoga in Action[1]"라는 공개 강의 시리즈로 저자가 처음 만들었던 것이다.

기초 과정은 특별히 요가의 길에 입문하고자 하는 초보자 및 입문자들을 위한 것이다. 연구소에서는 또한 더 나아가고자 하는 사람들을 위해 기초, 중급, 고급 과정도 실시하고 있다. 이 책은 기초 과정에 참여하려는 사람들을 안내하는 일종의 입문서이므로 기초 과정을 위한 강의안을 포함하고 있다. 이 책은 수련생들에게 적절한 오리엔테이션을 통해 가정에서 아사나와 프라나야마를 실습하고 수련하도록 이끌어 줄 것이다.

요가라는 주제는 하늘만큼 광대하며 시간의 경계로 속박할 수 없다. 그러나 단계별 과정을 통해 수련생들은 어디에서부터 시작하고 어떻게 나아가야 할지를 배우게 된다.

기초 과정 강의안은 8개월 동안 실시하도록 계획된 것이다. 그러나 수련생들은 아사나를 수련하는 동안 철저히 깨어 있기를 요구받기 때문에 과정을 완료하기 위해서는 거의 일 년이 걸린다. 교사들 역시 수련생들의 수행이 강화되거나 향상될 때까지 앞으로 더 나아갈 수 없다. 이 강의안은 최근에 요가 수업에 참가하기 시작한 사람들이 일 년이라는 기간 안에 무엇을 학습할지를 알게 해 줄 것이다. 상급생이나 고급 과정 수련생들은 기억을 가다듬어 수행 시 빠뜨린 것이 있는지를 점검할 수 있게 될 것이다.

강의안은 기본 아사나 49가지와 기본 프라나야마 중의 하나인 웃자이Ujjāyiī 2단계로 구성되어 있다. 그러나 수련생들이 항상 아사나의 최종 단계까지 곧바로 가지는 못하기 때문에 몇몇 아사나들은 중간 단계가 강조되고 있다. 이 중간 단계는 확실히 중요하다. 수련생을 위해서 여기에 그 단계들을 포함시켰다.

---

1) Yoga in Action 시리즈는 RIMYI를 통해 비디오와 CD로 이용할 수 있다.

관절을 부드럽게 하여 관절의 운동을 자유롭게 하고 신체 구조를 향상시키기 위해 다양한 아사나들을 포함하였다. 아사나들은 인대와 근육을 강화하고 늘여 준다. 내부 기관을 조율하고 신경을 강화시킬 의도로 선택한 아사나들도 있다. 그 결과 유기체로서의 육체는 점점 더 향상된 기능을 수행한다.

구루지Guruji는 프로그램을 짜면서 소화계, 호흡계, 순환계, 내·외분비계, 근육계, 골격계, 배설계, 생식계, 림프계, 신경계와 같은 모든 신체 기관을 고려하였다. 건강하기 위해서는 이러한 모든 기관이 협동과 조화를 통해 제대로 기능해야 한다. 교육 과정은 이 모든 기관이 조화롭게 기능하도록 구성되었다[2]. 이로써 수련생은 신체적으로, 심리적으로, 정신적으로 차례차례 프라나야마를 수행할 준비를 갖추게 되는데, 왜냐하면 이러한 과정을 통해 절제와 강한 도덕성, 감수성, 관용, 자유를 기를 수 있기 때문이다.

여러분은 아마 왜 이렇게 많은 아사나를 소개하는지에 대해서 당황해 할지도 모르겠다. '더 적게 행하고 더 많이 기대하는 것'이 사람들의 심리이다. 그러나 노력이 적다면 효과 역시 적다는 것을 기억하라. 노력이 충분하다면 효과도 충분하다. 수련자는 최소한 육체의 안정과 마음의 평화뿐 아니라 육체적, 정신적 건강을 얻기를 기대한다. 아사나의 수와 종류는 이러한 최소한의 기대를 바탕으로 매일 매일의 스트레스가 사라지도록 선택하였다.

구루지는 사람들이 요가에 흥미를 느끼고 요가 수행의 길에 더 많은 지식을 얻기를 원하도록 프로그램을 마련하였다. 어떤 사람이 과정을 그만두고자 할 경우에도 쌓아 놓은 지식과 터득한 경험, 그동안 해 온 수행만으로도 건강 유지를 위한 요가 수행을 계속하도록 하기에 충분하다. 이러한 뜻에서 강의안은 그 자체로도 완전하다.

현자들이 우리에게 보여준 이 고대의 인도 문화는 육체적인 건강뿐만 아니라 더 높은 삶의 목표를 성취하고자 하는 인간의 기본적인 요구를 토대로 한다. 이것을 이루기 위해서는 강한 도덕성, 건설적인 신념 및 의식 개발이 필요하다.

아사나는 갑자기 만들어진 것이 아니다. 아사나는 일정한 방식에 따른 삶에 대한 접근법으로서 존재하게 되었으며, 그런 까닭에 체계적으로 분류되어 있다. 겉으로 육체를 다루는 것처럼 보이는 아사나는 수행자의 행동 양식을 변화시키는 큰 가능성을 가졌으며, 이것이 정신

---

2) 아사나의 효과 및 이점에 대한 폭넓은 리스트를 보려면 B.K.S. 아헹가의 『요가 디피카』와 기타 S. 아헹가의 『Yoga: A Gem for Women』을 읽는다. 이 책들은 아사나 수행을 통해 효과를 얻을 수 있는 신체의 여러 부위와 질병의 치료에 대해 설명해 놓았다. 여기에서는 이러한 효과들을 소개하지 않았다.

의 성장에 변화를 주어 수행자가 앞으로 더 나아가 영적인 행로에 머무를 수 있게 해 준다. 아사나의 체계적인 분류는 신체의 해부 구조와 기능, 그리고 운동의 순차적인 진행에 바탕을 두고 있다. 이것은 내부의 몸을 점진적으로 활성화시킨다. 그러므로 수행자는 외부의 몸을 투과하여 내부의 몸으로 들어가고, 다시 몸과 마음을 투과하여 자기 존재의 숨은 에너지를 발견하며, 마침내 존재의 근원, 즉 영혼Soul에 이르게 된다.

이 강의안에는 서서 하는 아사나, 앉아서 하는 아사나, 비트는 아사나, 앞으로 뻗기, 뒤로 뻗기, 누워서 뻗기가 포함되어 있다. 또한 복부 수축하기와 거꾸로 하는 아사나도 있다. 아사나 분류를 통해 우리는 자기 몸의 움직임을 분석할 수 있으며 자신의 의지력을 평가하고 의식 안으로 들어갈 수 있게 된다. 그리하여 수행 과정 중 의식이 내부로 돌려짐에 따라 우리 삶은 풍요롭고 긍정적이고 의미 있게 된다.

이 책은 테크닉의 차원에서 설명하기 위해 기획된 것이 아니다. 그보다는 오히려 요가 수행에서 택하게 되는 단계들을 가장 이로운 순서로 취할 수 있게 이끄는 실제적인 길잡이라 할 수 있다. 뒤따라 나오는 짧고 간결한 테크닉은 수련생들을 위한 안내 지표와 같다. 좀 더 충분한 설명과 세밀한 테크닉을 원한다면 『요가 디피카』와 『YOGA: A Gem for Women』, 그리고 『Arogya Yoga(마라티어판)』를 참고해야 할 것이다.

수련생들은 흔히 아사나 아사나의 이름을 기억하지 못한다. 아사나를 배우는 동안 여러분은 몸을 정확한 위치에 두는 것 외에 올바른 자세를 취하기 위해 아사나의 형태와 이름을 알아야 한다. 이것은 특정 아사나에서뿐 아니라 이어지는 다음 아사나와의 관계에 있어서도 움직임, 동작, 내적인 조정을 연결하는 데 도움을 준다. 아사나로 들어가기 전에 아사나의 이름과 형태를 아는 것은 육체적인 수준에서뿐 아니라 정신적인 수준에서도 준비가 되는 일이다. 아사나로 들어가기 전에 여러분의 마음은 장난감을 바라보는 아기의 마음처럼 생기발랄해야 한다. 이미 마음속에 각인된 알고 있는 사항, 알고 있는 동작이라 하더라도 마음은 각 아사나를 새롭게 받아들여야 한다. 각각의 아사나 그룹과 아사나의 순서를 배우고 익히면 혼란을 겪지 않고 아사나를 수행할 수 있게 된다.

수행자를 위해 여기에 몇 가지 도움말, 주의사항, 규칙과 규정을 소개하겠다.

여러분은 아침에 출근하기 전이나 퇴근한 후 저녁에 편한 대로 아사나를 수행하면 된다. 주부들은 자녀들이 학교에 가거나 남편이 출근한 후 시간을 선택할 수 있다. 식사 시간과 수행 시간 사이에 충분한 틈이 있을 경우 오후 시간이라 할지라도 피할 필요는 없다.

식사 후 네 시간의 간격은 필수적이다. 시간 간격이 충분하지 않을 경우, 메스꺼움을 느끼게 되어 결국 토하거나 질병, 두통, 무기력, 몸의 통증을 겪게 될지도 모른다. 필요하다면 수행을 하기 30분 전에 가볍게 음료를 마셔도 된다. 식사는 수행 1시간 후에 하도록 한다.

적당히 헐렁한 옷을 입어서 자유롭게 움직이는 데 방해가 되지 않게 한다.

완전히 지쳐 있거나 숨이 가쁘거나 강렬한 햇빛 아래에 있을 경우 수행을 시작해서는 안 된다. 또한 체조, 육상, 수영 등과 같은 다른 육체 운동을 한 이후에 곧바로 수행을 해서도 안 된다. 회복을 위해 어느 정도 시간 간격을 두어야 한다. 아니면 회복을 위한 아사나만 선택해서 행한다.

어떤 아사나를 하든 도중에 숨을 멈추어서는 안 된다. 숨은 정상적으로 쉰다. 항상 코로 숨을 들이마시거나 내쉬어야 한다. 설명되어 있는 대로 숨을 들이마시고 내쉰다. 숨 쉬는 것보다 올바른 자세 이행에 더 집중하도록 한다. 자세한 호흡법은 아사나를 제대로 정립했을 때에만 알게 된다. 아사나를 바르게 하면 호흡은 제대로 되게 되어 있다.

제1부

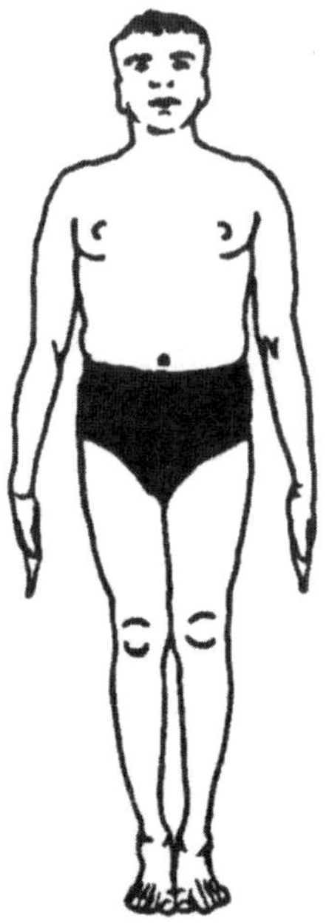

사마스티티

제 1 장

서서 하는 아사나

서서 하는 아사나로부터 시작하기로 한다. 서서 하는 아사나는 우티스타 스티티Uttiṣṭha sthiti로 알려져 있다. 깨어 있는 시간의 대부분을 다리로 서 있지만 우리는 올바르게 서 있는 방법에 주의하지 않는다. 이 아사나들은 서 있는 방법과 신체의 올바른 자세에 대해 주의를 기울이게 해 준다. 두 다리로 확고히 서 있는 기본자세를 배우며, 팔로 여러 가지 동작을 취할 때 자세를 흩트리거나 몸 전체를 흔들지 않고 무게를 분산시키는 법을 배울 수 있다.

제 1 부

1. 사마스티티 Samasthiti

· 똑바로 선다.
· 두 발을 모으고 양쪽 발가락, 발목, 발뒤꿈치가 서로 닿게 한다.
· 체중이 발 전체에 골고루 실리는지 본다.
· 종지뼈를 조이고 무릎을 위로 올린다.
· 정강이뼈가 대퇴골과 일직선을 이루게 한다.
· 넓적다리 앞쪽을 뒤로 누른다.
· 척추를 곧게 펴고 가슴을 들어올린다.

· 두 팔을 엉덩이와 나란하게 양옆에 곧게 내린다.

· 어깨뼈를 뒤로 돌려서 견갑골을 말아 넣는다.

· 목과 머리를 곧게 뺀다.

· 앞을 똑바로 본다.

> 몸 전체의 존재를, 그리고 그것이 가까이 있음을 느끼기 위해 전신을 두루 훑어보는 법을 배운다. 두 발과 발바닥, 발뒤꿈치에 체중이 고르게 실리게 하는 법을 배운다.

> 주의 : 아주 단순하다고 해서 이 아사나를 중요하지 않은 것으로 취급해서는 안 된다. 이 아사나에 주의하면 할수록 자신의 몸의 자세에 있는 결점을 더 많이 깨달을 수 있게 된다.

사마스티티에서 두 팔은 어깨에서부터 손가락 마디까지 아래로 쭉 편다. 똑바로 서서 적절히 균형을 잡을 수 있도록 어깨를 정렬시킨다.

발바닥을 활짝 펴고, 정강이와 대퇴골을 정렬하여 균형을 잡는다. 오금의 힘줄을 죽 뻗는다. 두 발에 아치를 만들고 가슴과 머리가 알맞은 위치에 놓이게 한다. 팔을 약간 뒤로 보내면서 가슴 양옆을 확장한다.

2. 우르드바 하스타아사나 Ūrdhva Hastāsana

a) 두 손바닥을 서로 마주보게 하고
b) 두 손바닥을 앞으로 향하게 하고

a) 두 손바닥을 서로 마주보게 하고

· 사마스티티 자세로 서서 두 팔을 양옆으로 쭉 뻗는다. 손바닥은 넓적다리를 향하게 하고 어깨를 뒤로 돌리면서 내린다.

· 숨을 내쉬며 두 팔을 앞으로 쭉 뻗은 다음 머리 위로 올린다. 위팔을 귀와 나란하게 하고 손바닥을 서로 마주보게 한다.

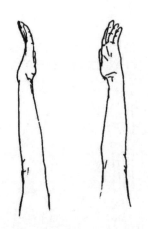

우르드바 하스타아사나
두 손바닥을 서로 마주보게 하고

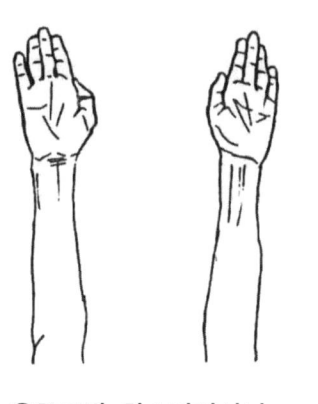

우르드바 하스타아사나
두 손바닥을 앞으로 향하게 하고

· 손목과 손가락을 쭉 편다.
· 위를 바라보아 두 손바닥이 서로 마주보고 정확하게 평행을 이루는지 확인하고 앞을 똑바로 본다.

> 흉곽의 양옆을 펴는 법을 배운다.

b) 두 손바닥을 앞으로 향하게 하고
· 손 위치를 위에서처럼 하고 손바닥이 앞을 향하도록 위팔을 돌린다.
· 팔꿈치와 손목을 곧게 편다.
· 손바닥을 펴고 손가락을 쭉 뻗는다.
· 견갑골과 큰마름뼈(엄지손가락 아래에 있는 뼈)의 뒤쪽을 아래로 내린다.
· 앞을 똑바로 본다.
· 숨을 내쉬며 두 팔을 양옆으로 천천히 내린다.

> 두 다리의 확고부동함에 대응하여 팔을 쭉 뻗는 것을 배우고 견갑골과 흉곽 뒤쪽을 활성화
> 시킨다.

3. 우르드바 바당굴리아아사나 Ūrdhva Baddhānguliyāsana

사마스티티에서 손가락을 깍지 끼면 손가락 관절이 단련된다. 각 손가락의 모든 관절이 펴지면서 가슴이 확장되고 길게 늘여진다. 손가락의 깍지를 낄 때는 깍지를 바꿀 것에 대비하여 손가락이 놓인 상태를 기억한다. 깍지를 끼고 있는 동안 어느 쪽 새끼손가락이 느슨한지 관찰한다. 깍지를 끼었을 때 손가락들의 맞물림을 제대로 이해하지 못할 때가 많다. 맞물려진 손가락들은 항상 손바닥이 아니라 손등을 덮고 있어야 한다. 깍지를 바꾸기 위해서 다른 손의 새끼손가락을 느슨하게 한다. 손가락을 '직물'을 짜듯 단단히 깍지 끼거나 깍지 낀 두 손을 '오목한 홈'처럼 만드는 것, 또 손목을 뒤집는 것과 같은 나머지 기술도 동일한 방식을 따른다. 손가락을 깍지 끼는 이 동작은 살람바 시르사아사나를 시행하기 전에 제대로 배워야 한다.

바당굴리아아사나

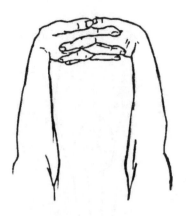

우르드바 바당굴리아아사나

· 손가락을 몸 앞에서 깍지 낀다(그림 참조).
· 어느 쪽 새끼손가락이 느슨한지 확인한다.
· 두 손바닥과 손목을 몸에서 멀리 떨어지게 돌리고(엄지손가락이 바닥을 향하게 하고), 팔꿈치를 편다.
· 천장을 향해 두 팔을 위로 쭉 뻗고 위팔을 귀와 나란하게 한다.
· 손바닥을 완전히 편다.
· 두 손바닥의 면 전체가 똑같이 천장을 향하게 한다.
· 손을 앞으로 가져온다.
· 손가락의 깍지를 풀고 팔을 아래로 내린다.
· 깍지를 바꾸어 낀다.

> 손가락을 깍지 끼는 것과 몸을 수직으로 뻗는 법을 배운다.

> 주의 : 위의 2와 3의 자세에서 머리 위로 두 팔을 뻗을 때 골반을 앞으로 밀지 않도록 한다. 이렇게 하려면 넓적다리를 뒤로 단단히 밀면서 꼬리뼈를 안으로 밀어 넣고 가슴을 들어 올리면 된다. 다리의 사마스티티 자세를 바꾸지 않도록 한다.

4. 나마스카라아사나 Namaskārāsana

이 아사나에는 세 가지 변형이 있다. 즉, 흉골 앞에 손을 두는 나마스카라아사나와 머리 위에 손을 두는 우르드바 나마스카라아사나, 그리고 손을 등 뒤에 두는 파스치마 나마스카라아사나이다. 그러나 파스치마 나마스카라아사나를 하려면 그 이전에 고무카아사나의 팔 동작을 배워야 한다.

이 손바닥 자세는 아트만잘리 무드라Ātmānjali Mūdrā 혹은 나마스카라 무드라Namaskāra Mūdrā라고도 알려져 있으며 디아나(dhyāna명상) 중에 시행한다. 이것은 수리야 나마스카라Sūrya Namaskāra의 단계들 중 하나이며(제13부), 인도의 인사 방법이다.

나마스카라아사나

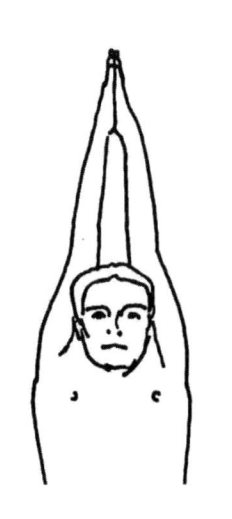

우르드바 나마스카라아사나

나마스카라아사나

· 사마스티티 자세로 선다.
· 팔꿈치를 굽혀 흉골 앞에 두 손바닥을 모은다. 엄지손가락의 옆면을 흉골 가까이에 둔다. 이두근을 수축시켜서는 안 된다.
· 손바닥의 아랫부분, 가운데 부분, 손가락 모두를 균일하게 맞댄다.
· 이두근을 늘이고 펴면서 팔을 아래로 내린다.

> 팔 근육에 힘을 주지 않고 두 손바닥의 압력을 서로 균일하게 유지하는 법을 배운다.

> 주의 : 손가락이 가리키는 방향은 가슴에서 멀어지는 쪽으로 약간 수직에서 벗어나게 한다. 그래야 어깨뼈를 뒤로 돌리고 가슴 측면을 앞으로 내미는 자세를 유지할 수 있다. 팔꿈치는 아래로 떨어뜨린다. 두 팔로 인해 호흡 과정 중 가슴의 자연스러운 팽창이 방해되어서는 안 된다.

5. 우르드바 나마스카라아사나 Ūrdhva Namaskārāsana — 머리 위에 손을 두는 자세
수리야 나마스카라의 단계들 중 하나임.

· 우르드바 하스타아사나에서처럼 머리 위로 두 팔을 뻗는다. 팔꿈치를 곧게 펴고 손목과 손바닥은 편다.
· 팔꿈치를 곧게 편 채로 가슴과 쇄골을 넓게 유지하고 손바닥을 함께 모은다.
· 두 팔을 위로 쭉 뻗어 올리고 팔꿈치를 단단히 고정시킨다.
· 두 손바닥을 서로 단단히 누른다.
· 아래를 바라보지 않는다.
· 숨을 내쉬며 팔을 풀어 양옆으로 내린다.

고무카아사나
팔을 위로부터 고정시키기

고무카아사나
팔을 아래로부터 고정시키기

겨드랑이 쪽 가슴을 펴서 몸통 측면을 위를 향해 수직으로 뻗는 법을 배운다.

주의 : 이 동작은 나마스카라아사나에서 팔을 머리 위로 들어 올려서 할 수도 있고, 팔을 앞으로 곧게 쭉 뻗거나 옆으로 벌려서 할 수도 있다.

6. 고무카아사나 Gomukhāsana(팔 동작 또는 하스타 무드라 Hasta Mūdrā)

a) 팔을 위로부터 고정시키기
b) 팔을 아래로부터 고정시키기
c) 손가락/손바닥 잡기

a) 팔을 위로부터 고정시키기
- 사마스티티 자세로 선다.
- 숨을 들이마시며 오른팔을 위로 올린다.
- 팔꿈치를 굽혀서 손이 견갑골 사이에 오게 하고 손가락은 아래로 향한다.
- 숨을 내쉬며 손을 위로 들어올린 다음 팔을 내린다.
- 왼손도 똑같이 되풀이한다.

b) 팔을 아래로부터 고정시키기
- 사마스티티 자세로 선다.
- 오른팔을 굽혀 뒤로 가져가서 손등이 엉덩이와 맞닿게 한 다음, 견갑골 사이로 손을 밀어 올린다.
- 숨을 내쉬며 손을 내린다.
- 왼쪽도 되풀이한다.

고무카아사나
손가락/손바닥 잡기

파스치마 나마스카라아사나

c) 손가락/손바닥 잡기

· 오른손을 등 뒤 몸통 아래로부터 고정시킨다.
· 왼팔을 들어 올려 몸통 위로부터 오른손 손바닥을 잡는다.
· 두 손바닥을 서로 악수하듯이 잡는다.
· 팔을 풀고 왼손은 아래로부터, 오른손은 위로부터 고정시켜서 되풀이한다.

> 겨드랑이를 펴는 법을 배운다. 가슴 뒤에서 손바닥을 맞잡음으로써 가슴이 펴지는지 살핀다.

7. 파스치마 나마스카라아사나 Paśchima Namaskārāsana

이 아사나는 고무카아사나의 팔 동작을 배운 후에만 배울 수 있다. 나마스카라아사나 그룹 중 고급 단계의 손동작이다.

· 두 팔을 등 뒤로 가져가서 손가락을 아래로 향하게 하여 두 손의 각 손가락 끝을 서로 마주 대고 누른다.
· 두 팔과 손목을 돌려 손가락이 등을 향하게 하고 그 다음 위로 향하게 한다.
· 이 자세에서 두 손을 밀어 올려 손이 견갑골과 나란하게 만든다.
· 모든 손가락을 뻗고 손바닥 전체에 고르게 압력을 가한다.
· 어깨뼈를 뒤로 돌리고 견갑골을 등 안쪽으로 밀어 넣는다.
· 두 손을 뒷머리 쪽으로 올리면서 팔꿈치를 바닥 방향으로 내린다.
· 자세를 풀기 위해 손을 아래로 내리고 사마스티티 자세로 돌아간다.

> 가슴이 들어가게 하지 않으면서 어깨, 팔, 손목을 돌리는 동작을 배운다.

브룩샤아사나 오른발 발바닥을 왼쪽 넓적 다리 안쪽에 고정시키기

벽 가까이에서

8. 브룩샤아사나 Vṛkṣāsana

a) 의지하지 않고서
b) 등을 벽에 기대어서
c) 벽 가까이에서

a) 의지하지 않고서

· 사마스티티 자세로 선다.
· 오른쪽 무릎을 굽혀서 오른발을 잡는다. 무릎은 오른쪽 바깥으로 향하게 한다.
· 오른발 발바닥을 왼쪽 넓적다리 안쪽 높은 곳에 대고 발가락은 아래로 향하게 한다.
· 왼쪽 다리는 곧고 안정된 상태를 유지해야 한다.
· 두 팔을 우르드바 나마스카라아사나에서처럼 머리 위로 쭉 뻗고 손바닥을 마주 댄다.
· 머리를 곧게 하고 앞을 똑바로 바라본다.
· 숨을 내쉬며 오른발을 바닥에 내리고 팔도 내린다. 반대쪽도 되풀이한다.

> 한쪽 다리로 균형을 잡는 법을 배운다. 방심하지 않는 것을 배운다.

> 주의 : 균형을 잡기 힘든 사람들의 경우 다음 변형 동작을 먼저 수련하는 것이 도움이 된다.

b) 등을 벽에 기대어서

· 등을 벽에 약간 기대고 서서 위의 아사나를 따라 한다.

c) 벽 가까이에서

· 벽에서 15cm 정도 떨어져서 왼쪽 넓적다리가 벽에 평행하도록 선다.
· 벽에 왼손 손가락 끝을 댄다.
· 앞에서 설명한 대로 발을 댄다.
· 오른팔을 천천히 올려 우르드바 하스타아사나 자세를 취한 뒤에 멈춘다.

· 왼팔이 오른팔과 평행이 될 때까지 왼팔을 한 번에 15cm씩 조심스럽게 벽을 따라 위로 올린다.
· 두 팔을 합치고 앞을 똑바로 바라본다.
· 팔을 풀고 벽에 왼쪽 손가락 끝을 댄다. 굽혔던 오른쪽 다리를 풀고 발을 바닥에 내려놓는다.
· 사마스티티 자세로 선다.
· 몸을 반대 방향으로 돌려서 오른쪽 넓적다리가 벽과 평행을 이루게 한다.

> 발바닥을 반대쪽 다리의 넓적다리 안쪽에 대고 고정시키는 것을 먼저 배운다. 팔을 들어 올리는 것은 나중에 배울 수 있다.

브륵샤아사나는 서 있을 때 체중이 흔히 실리는 다리에서는 더 쉽고 체중이 덜 실리는 쪽에서는 어렵다. 일반적으로 우리는 우리가 어떻게 서 있는지 또는 체중이 고르게 분산되지 않는 것에 대해 잘 알아차리지 못한다. 사마스티티를 올바로 수행하면 체중이 고르게 분산되지 않는 것을 알아차려서 이런 결점을 바로잡을 수 있게 된다.

9. 웉카타아사나 Utkaṭāsana

a) 팔 동작 후 다리 동작
b) 다리 동작 후 팔 동작
c) 벽을 마주보고
d) 등을 벽에 기대고

a) 팔 동작 후 다리 동작
· 사마스티티 자세로 선다.
· 우르드바 하스타아사나 자세로 팔을 올린다.
· 팔을 최대한 뻗은 상태를 유지하면서 우르드바 나마스카라아사나를 행한다. 팔꿈치가 굽기 쉬우나 굽게 내버려 두어서는 안 된다.
· 무릎을 굽히고 엉덩이를 아래로 낮추어서 넓적다리가 바닥과 평행하게 한다. 발뒤꿈치는 바닥에 닿아 있어야 한다.
· 몸통을 바로 세우고 가슴을 들어올린다.
· 숨을 들이마시며 사마스티티 자세로 되돌아간다.

웉카타아사나
팔 동작 후 다리 동작

운카타아사나
다리 동작 후 팔 동작

운카타아사나
벽을 마주보고

b) 다리 동작 후 팔 동작

· 두 손을 허리 위에 얹고 사마스티티 자세로 선다.
· 숨을 내쉬며 위에서처럼 무릎을 굽히고 엉덩이를 아래로 낮춘다.
· 두 팔을 머리 위로 뻗은 다음 흉골을 내리거나 낮추지 않고 두 손바닥을 함께 모은다.
· 몸통을 들어올린다.
· 넓적다리는 바닥과 평행을 유지해야 한다. 두 팔을 천장을 향해 최대한 곧게 쭉 편다.
· 다리를 펴서 사마스티티 자세로 돌아온다.

> 주의 : a)방법이 b)방법보다 더 쉽지만, b)가 a)에 비해 근육을 더 단단하게 만든다. 더 변형된 방법인 c)와 d)는 안정감이 없거나 균형을 잡는 데 어려움을 겪는 사람들에게 좋다.

c) 벽을 마주보고

· 벽에서 15~20cm 정도 떨어져서 선다.
· 가슴 높이에서 두 손의 손가락 끝으로 벽을 짚고 손바닥으로 컵 모양을 만든다. 팔꿈치는 약간 굽히도록 한다. 벽을 짚기 위해서 몸을 앞으로 기울이지 않았는지 살핀다.
· 무릎을 굽히고 넓적다리를 바닥과 평행이 되게 한다.
· 숨을 들이마시며 다리를 펴고 손가락을 벽에서 뗀다.

> 무릎을 제대로 굽히는 법과 척추를 세워 유지하는 법을 배운다.

웃카타아사나
등을 벽에 기대고

d) 등을 벽에 기대고 — (이 방법은 소아마비나 중풍을 앓는 사람, 무릎이 약하거나 안짱다리를 가진 사람들에게 적당하다.)
· 벽에서 30~45cm 정도 떨어져서 선다.
· 손가락 끝으로 뒤에 있는 벽을 짚고 등을 벽에 기댄다.
· 등을 벽에 댄 채로 숨을 내쉬며 무릎을 굽혀서 엉덩이뼈를 아래로 내린다.
· 등허리가 벽에 계속 닿아 있으면서 동시에 가슴을 들어올린 상태를 유지해야 한다.
· 벽에서 몸을 떼지 않은 채로 두 팔을 머리 위로 똑바로 들어올리고 손바닥을 마주 댄다.
· 숨을 들이마시며 다리를 펴고 사마스티티 자세로 선다.

> 척추 근육이 굽거나 처지게 하지 않고 무릎과 대퇴 관절을 굽히는 법을 배운다.

> 주의 : 웃카타아사나에서 무릎을 굽힐 때 엉덩이뼈를 똑바로 내려야 한다. 엉덩이뼈를 뒤로 밀어 내거나 가슴을 앞으로 기울여서는 안 된다. 사마스티티 자세에서와 같이 몸통 측면의 길이를 유지하도록 한다.

웃카타아사나는 등 근육과 복부 기관을 조율하고 가슴 근육을 발달시키며 엉덩이 근육을 신장시킨다. 웃카타아사나에서는 횡격막이 들어올려지는데, 이로 인해 심장이 부드럽게 마사지 된다. 또한 체중을 지지하는 뼈인 정강이가 강화된다. 대퇴 관절, 발목 및 무릎 관절을 굽히는 법을 배우게 되며, 척추 바깥 근육이 강화된다.

위에서 말한 효과와는 별도로 아사나에서 유발되는 다른 특별한 '효과'들도 있다. 이러한 효과들은 아사나를 수행할 때 관찰할 수 있다. 이 '관찰'은 여느 기술과 마찬가지로 배우고 연마할 필요가 있다. 아사나 수행에 있어 관찰을 위해 어떤 특별한 재능이 필요한 것은 아니므로 관찰은 모든 사람들이 할 수 있는 일이다. 아사나 수행이 정확하고 세밀해짐에 따라 아사나는 몸과 마음에 효과적이게 된다.

이 수행으로 얻은 날카로운 지각과 관찰로 인해 요가 수행자는 한 인간으로서 자기 존재 전체를 풍요롭게 해 주는 육체의 안정과 명료한 인식을 얻게 된다.

이러한 서서 하는 모든 아사나에 있어 몸의 중심 잡기는 항상 두 발을 통해 이루어지며 척추는 수직으로 곧게 유지된다.

일반적으로 서 있을 때 발뒤꿈치는 서로 가까이 붙고 발가락은 떨어지려는 경향이 있으며 넓적다리는 바깥쪽을 향해 돌아가고 종아리는 안쪽으로 수축된다. 바깥쪽을 향해 있는 넓적다리 앞부분을 안쪽으로 돌리고 안쪽으로 수축된 종아리를 바깥쪽으로 돌리는 방법을 배워야 한다. 사마스티티 자세에서 두 발은 바닥 위에 서로 평행하게 놓인다. 체중이 두 발의 여러 부위, 즉 발뒤꿈치의 안쪽 및 바깥쪽과 발뒤꿈치 전체 둘레 부위뿐만 아니라 두 발에 골고루 실리는지 주의를 기울이도록 한다. 발바닥의 아치 부분을 들어올리고, 복사뼈를 서로 정확히 동일하게 놓이게 하며, 정강이뼈를 안으로 움직여 서로 나란하게 한다. 정강이뼈가 대퇴골과 일직선을 이루어 곧게 서 있을 때 이들을 지탱하는 '큰' 근육들이 바르게 자리 잡는다. 이로 인해 근육은 에너지를 거의 낭비하지 않고 몸 전체의 골격을 지탱할 수 있게 된다. 다리가 올바르게 놓여야 전체 골반대骨盤帶에 자유로움과 지탱하는 힘이 커지고, 우리가 의식하지 못하는 골격의 기울어짐이 줄어든다.

몸통과 허리의 양 측면의 길이는 아사나에서 다양하게 팔과 다리를 움직일 때에도 서로 동일하게 유지되어야 한다. 우리는 팔과 다리의 움직임이 동시에 이루어지게 하는 방법을 배우게 된다. 팔 동작은 이 본질적으로 똑바른 자세의 중심부를 흩트리지 않고 수행되어야 한다. 일상적인 활동에서 우리는 손가락과 발가락을 의식하지 않는다. 여기에서 우리는 사지의 말단 부분들을 의식하게 된다. 이 그룹의 아사나들을 연속해서 빨리 실행할 경우, 워밍업 운동이 자연스럽게 이루어지기 때문에 따로 워밍업 운동을 할 필요가 없다.

이 아사나들은 단순하지만 내적인 정렬을 배우려면 수행자는 지성의 도움을 필요로 한다. 팔을 위로 뻗는 동안 배를 앞으로 내밀어서는 안 되며, 허리를 지나치게 오목하게 해서도 안 된다. 이 모든 아사나의 팔 동작은 어깨와 팔꿈치, 손목, 손가락, 손가락 마디의 관절을 펴는 데 도움이 된다. 사마스티티 자세를 바르게 수행할 때 마음은 사지와 몸통을 바라보는 데 집중하게 되며, 이로 인해 마음은 중심을 향해 내면으로 돌려지게 된다.

건강한 상태로 정상적으로 임신을 한 여성들은 다른 병이 없을 경우 브륵샤아사나와 욷카타아사나를 제외한 모든 이 그룹의 아사나를 할 수 있다.

이 그룹의 아사나에서는 다리를 돌리거나 굽힐 때 신체의 정렬을 유지하는 법을 배운다. 또한 다리의 움직임과 동작에 대응하여 몸을 조정하는 법도 배운다.

제2부

10. **우티타 하스타 파다아사나**
   Utthita Hasta Pādāsana
11. **파르스바 하스타 파다아사나**
   Pārśva Hasta Pādāsana
12. **우티타 트리코나아사나** Utthita Trikoṇāsana
13. **비라바드라아사나** Vīrabhadrāsana Ⅱ

우티타 하스타 파다아사나

제 2 부

10. 우티타 하스타 파다아사나 Utthita Hasta Pādāsana

· 사마스티티 자세에서 시작한다.
· 숨을 들이마시며 껑충 뛰어 120cm 정도 다리를 벌려서 선다.
· 두 발이 앞을 향해 서로 평행하게 한다.
· 무릎을 들어올리고 넓적다리를 뒤로 민다.
· 몸통과 가슴을 들어올린다.
· 두 팔을 어깨 높이에서 벌려 쭉 뻗는다. 어깨를 내리고 견갑골은 안으로 말아 넣는다.
· 팔꿈치를 곧게 펴고, 손바닥을 펴서 아래로 향하게 하며, 손가락을 쭉 뻗는다.
· 목과 머리를 곧게 하고 앞을 똑바로 본다.
· 사마스티티 자세로 돌아온다.

> 껑충 뛸 때 다리를 최대한 많이 벌리고 발을 정확하게 놓는 법을 배운다. 팔을 어깨와 나란하게 뻗고 발을 정렬하는 법을 배운다.

파르스바 하스타 파다아사나

11. 파르스바 하스타 파다아사나 Pārśva Hasta Pādāsana

- 우티타 하스타 파다아사나 자세를 취한다.
- 오른쪽 다리와 넓적다리, 발을 오른쪽으로 90° 돌린다.
- 왼발을 약간 안쪽으로 돌린다.
- 넓적다리의 가운데 부분과 무릎, 발목이 일직선을 이루는지 확인한다.
- 다리를 오른쪽으로 돌릴 때 복부를 반대 방향으로 돌려서 몸통 전체가 따라가는 것을 막는다.
- 머리, 목과 가슴의 중심 부분, 배꼽이 수직으로 일렬이 되게 한다.
- 허리 양 측면을 나란히 들어올린다.
- 우티타 하스타 파다아사나로 되돌아온다. 왼쪽으로도 한다.
- 사마스티티 자세로 돌아온다.

> 몸의 나머지 부분이 흔들리지 않게 하면서 다리와 발을 돌리는 법을 배운다.

12. 우티타 트리코나아사나 Utthita Trikoṇāsana

a) 허리에 손을 얹고
b) 팔을 올리고

a) 허리에 손을 얹고

- 우티타 하스타 파다아사나에서 시작한다.
- 오른쪽으로 파르스바 하스타 파다아사나 자세를 취한다.
- 숨을 내쉬며 몸통을 오른쪽으로 뻗고 오른손을 오른쪽 발목 근처 정강이뼈에 얹는다.
- 왼손은 팔꿈치를 굽혀 허리에 얹는다.
- 가슴과 허리를 천장을 향해 돌리고, 머리를 돌려 위를 바라본다.

우티타 트리코나아사나
허리에 손을 얹고

우티타 트리코나아사나
팔을 위로 올린 자세

비라바드라아사나 II
두 손을 허리에 얹고 행하는 다리 동작

b) 팔을 올리고

· 위에서처럼 오른쪽으로 뻗어서 손을 오른쪽 정강이뼈 위에 놓은 후에 왼팔을 왼쪽 어깨와 일직선이 되게 위로 쭉 뻗는다.
· 두 팔과 다리를 곧게 편다.
· 머리를 돌려 왼쪽 엄지손가락을 바라본다.
· 숨을 들이마시며 몸을 일으켜 파르스바 하스타 파다아사나 자세를 취한 뒤, 우티타 하스타 파다아사나 자세로 돌아온다. 반대편으로도 한다.

> 몸통을 옆으로 굽혀서 몸통과 목을 돌리는 법을 배운다. 다리와 팔을 정렬시키는 법을 배운다.

13. 비라바드라아사나 Vīrabhadrāsana II
a) 두 손을 허리에 얹고 행하는 다리 동작
b) 팔을 벌리고

a) 두 손을 허리에 얹고 행하는 다리 동작
· 사마스티티 자세와 우티타 하스타 파다아사나 자세를 취한 뒤, 두 손을 허리에 얹고 파르스바 하스타 파다아사나를 행한다.
· 몸통 중심을 수직으로 유지하고, 몸통 양 측면을 균등하게 들어올린다.
· 숨을 내쉬며 오른쪽 다리를 직각으로 굽히고 무릎이 발목과 일직선이 되게 한다.
· 넓적다리는 바닥과 평행하게, 정강이는 수직이 되게 한다.
· 왼쪽 다리는 곧게 펴져 있어야 하고 왼발은 바닥 위에 놓여 있어야 한다.
· 숨을 들이마시며 오른쪽 다리를 펴고 발을 돌려 앞을 향하게 한다. 다른 쪽에서도 같은 단계를 되풀이한다.

b) 팔을 벌리고
· 사마스티티 자세에서 시작하여 위의 사항들을 따라 다리 자세를 취한다.
· 몸통의 중심을 수직으로 유지하고 가슴을 들어올린다.

비라바드라아사나 Ⅱ
팔을 벌리고

· 두 팔을 어깨 높이에서 양쪽으로 쭉 뻗는다. 이때 팔꿈치를 곧게 펴고 손목과 손가락은 쭉 뻗는다.

· 숨을 내쉬며 오른쪽 다리를 직각으로 굽히고 무릎은 발목과 일직선이 되게 한다.

· 넓적다리는 바닥과 평행하게, 정강이는 수직이 되게 한다.

· 머리를 돌려 오른팔을 바라본다.

· 파르스바 하스타 파다아사나를 거쳐 우티타 하스타 파다아사나로 돌아온다. 왼쪽으로도 되풀이 한 후 사마스티티 자세로 돌아온다.

> 몸통이 굽힌 다리 쪽으로 기울지 않게 하면서 뻗은 다리에 맞서서 다리를 직각으로 굽히는 법을 배운다. 힘이 서로 반대 방향으로 향하게 되는 이러한 동작을 조정하는 법을 배운다.

> 주의 :
> 1) 수련을 하는 동안 팔과 다리에 동시에 주의를 기울이는 것은 어렵다. 그러므로 두 손을 허리에 얹고 각각의 편에서 다리 동작을 먼저 한 다음, 팔을 펴고 다리 동작을 되풀이한다.
> 2) 몸이 약하거나, 나이가 들었거나, 정렬 상태를 판단할 수 없을 경우, 이 모든 아사나들을 벽에 기대어(벽을 등지고) 수행할 수 있다.

이 모든 아사나들을 수행할 때는 다리를 벌리기 위해 껑충 뛰는 법을 배워야 한다. 이 '껑충 뛰는 동작'으로 인해 몸을 경쾌하게 움직일 수 있으며 기분이 가뿐해지게 된다.

껑충 뛰어 자세 잡기
· 사마스티티 자세로 선다.
· 손바닥을 바닥을 향하게 하여 가슴 가까이에 댄다.
· 손바닥과 팔꿈치를 일직선으로 하여 바닥과 평행하게 한다.
· 운카타아사나에서처럼 무릎을 굽힌다.

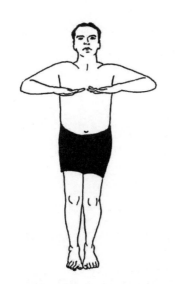

껑충 뛰어 자세 잡기

· 숨을 들이마시며 껑충 뛰어 팔과 다리를 벌리고 우티타 하스타 파다아사나 자세를 취한다.
· 원래의 자세로 돌아오려면 이와 비슷하게 무릎을 약간 굽히고 팔을 살짝 위로 펼쳐 올린 다음 껑충 뛰어 사마스티티 자세로 돌아온다.

> 껑충 뛰면서 팔과 다리를 동시에 벌리는 법을 배운다.
> 재빠르고 신속하게 하는 법을 배운다.

내가 사람들이 다리를 벌리는 것조차 두려워한다고 말한다 해도 그것은 결코 과장이 아니다. 사람들은 자신이 뭔가 이상한 일을 하고 있다는 느낌을 가진다. 두 발을 함께 모으는 것이 힘들 듯이 다리를 벌리는 것 또한 그러하다. 다리를 벌리자마자 여러분은 처음으로 다리가 당기는 것을 느낀다. 여러분은 다리를 의식하게 되는데, 다리의 앞부분과 뒷부분은 물론 특히 다리의 안쪽과 바깥쪽을 의식하게 된다. 미끄러운 바닥 때문에 넘어질까 두려워 발바닥이 오그라드는 때도 종종 있다. 자, 이제 알아차리게 되었으니 발바닥을 쭉 뻗고 발의 아치 부분을 편다. 여러분은 팔을 쭉 뻗지도 않고 골반대나 가슴을 활짝 펴지도 않는다. 일반적으로 다리의 에너지는 아래로 흐르지만 여러분은 처음으로 다리의 에너지가 위로 흐르는 것을 느낀다. 앞에서와 같이 두 팔을 옆으로 편다. 이렇게 함으로써 갈비뼈 사이사이의 늑간근이 활짝 펴진다.

계속해서 다음 아사나로 진행하면 사지 골격의 움직임이 향상되는 것을 깨닫기 시작한다. 사지 골격에는 골반대(다리이음뼈)와 흉곽대(팔이음뼈), 위팔과 아래팔, 팔꿈치, 손목, 손가락, 넓적다리, 무릎, 발목, 발, 발가락의 뼈가 포함된다. 다양한 동작들이 이루어지는 메커니즘을 통해 여러분은 척추와 내부 기관에 내부로부터 작용을 가하는 법을 배운다. 예를 들어 우티타 트리코나아사나에서 어깨와 견갑골, 팔, 겨드랑이 등을 조정할 때 여러분은 이어지는 결과로 흉추와 가슴을 조정하기 시작한다. 이러한 조정은 가슴을 발달시키는 데 도움이 된다. 이와 유사하게 다리를 통해 여러분은 요추와 천골 부위, 그리고 복부에 영향을 미치게 된다.

이 모든 아사나는 다리의 기형을 바로잡고 다리 근육을 조율하며, 등의 통증과 목의 염좌를 완화시켜 주고 허리와 엉덩이, 넓적다리 주위의 지방을 감소시키며 체액의 산도를 낮춘다. 또한 가스를 배출시키며 복부의 무지근한 느낌과 팽만감을 없애 준다. 신체의 생명 유지 기관들은 둔함이 사라지고 자극을 받아 활성화된다.

서서 하는 아사나는 몸의 구조 및 내부 기관에 작용을 미칠 뿐 아니라, 생식계의 기능을 개선하고 난소의 결함을 예방하며 자궁을 강화하는 등 특히 여성들에게 유익하다. 심지어 임신한 여성도 아무 두려움 없이 이 자세를 취할 수 있다.

> 주의 : 운카타아사나와 껑충 뛰는 동작을 제외한 모든 서서 하는 아사나는 보통의 생리 기간에도 할 수 있다.

우티타 파르스바코나아사나
팔을 위로 곧게 뻗고

제 3 부

이 아사나 그룹에는 옆으로 굽히기와 옆으로 돌리기가 포함된다. 팔 위치를 바꾸는 동안 다리와 몸통의 위치에서 발생하는 잘못된 점을 깨닫고 그것을 바로잡는다.

14. 우티타 파르스바코나아사나 Utthita Pārśvakoṇāsana

a) 팔을 위로 곧게 뻗고
b) 팔을 머리 위로 넘기고

a) 팔을 위로 곧게 뻗고

· 껑충 뛰어 우티타 하스타 파다아사나 자세를 취한다.
· 비라바드라아사나 II 자세를 지시대로 따라 한다.
· 숨을 내쉬며 오른손을 바닥에 내려놓고 가슴은 앞쪽을 향하게 한다.
· 왼팔을 어깨와 일직선이 되게 하여 위로 곧게 뻗고, 팔꿈치는 단단히 고정시키며, 손바닥과 손가락은 천장을 향해 쭉 뻗는다. 머리를 돌려 왼쪽 엄지손가락 너머 위쪽을 바라본다.
· 숨을 들이마시며 파르스바 하스타 파다아사나로 돌아온 뒤, 우티타 하스타 파다아사나 자세를 취한다. 반대쪽으로도 행한다.

> 흉부 조직을 넓게 유지하는 법을 배운다. 굽힌 다리에 불필요한 체중을 싣지 않도록 한다.

우티타 파르스바코나아사나
팔을 머리 위로 넘기고

비라바드라아사나 Ⅰ
몸통 돌리기

> 주의 : 가슴과 복부를 천장을 향해 위로 돌려야 하므로 위쪽에 있는 손을 허리에 얹고 몸통을 돌린다.

b) 팔을 머리 위로 넘기고

· 위의 자세에서 시작한다.
· 머리를 돌려 엄지손가락 너머 위쪽을 바라본다.
· 숨을 내쉬며 왼팔을 머리 위로 넘겨서 왼쪽 귀와 나란하게 뻗는다.
· 숨을 들이마시며 파르스바 하스타 파다아사나로 돌아온 뒤, 우티타 하스타 파다아사나 자세를 취한다. 반대쪽으로도 행한다.

> 오른쪽에서 행할 때는 왼발에서 왼손까지 한 번에 쭉 뻗는 법을 배운다. 반대편에서도 마찬가지이다.

15. 비라바드라아사나 Vīrabhadrāsana Ⅰ

a) 몸통 돌리기
b) 무릎을 90°로 굽히기
c) 두 팔을 옆으로 쭉 뻗기(16 — 비마나아사나)
d) 최종 자세

a) 몸통 돌리기

· 사마스티티 자세로 선다.
· 껑충 뛰어 우티타 하스타 파다아사나 자세를 취한다.
· 두 손을 허리에 얹는다.
· 오른발을 오른쪽으로 바깥을 향해 90° 돌리고, 왼발은 오른쪽으로 안을 향해 60° 돌린다. 이때 두 다리는 곧게 편다.
· 어깨, 몸통, 골반이 오른쪽을 향하도록 돌린다. 골반 양쪽은 똑같이 오른쪽을 향해야 한다.
· 숨을 들이마시며 몸을 돌려 다시 앞을 향한다. 왼쪽도 행하고 사마스티티 자세로 돌아온다.

비라바드라아사나 I
무릎을 90°로 굽히기

옆으로 돌리는 법을 배운다. 발뒤꿈치를 바닥에 닿게 한 채로 왼쪽 다리 뒤쪽을 안에서 바깥으로 완전히 돌리는 법을 배운다. 반대편에서도 마찬가지이다.

b) 무릎을 90°로 굽히기

· 사마스티티 자세에서 a)방법을 따라 한다.

· 숨을 내쉬며 왼쪽 다리를 곧고 단단하게 유지한 채로 무릎을 굽힌다. 이때 정강이는 바닥과 직각이 되고 넓적다리는 바닥과 평행을 이루어야 한다.

· 숨을 들이마시며 오른쪽 다리를 편다. 일어나서 두 발을 앞으로 돌리고 반대쪽으로도 행한다.

몸통이 앞으로 기울지 않게 하면서 무릎을 90°로 굽히는 법을 배운다. 엉덩이부터 머리까지 몸통이 바닥과 수직이 되게 한다.

16. 비마나아사나 Vimānāsana

c) 두 팔을 옆으로 쭉 뻗기

비라바드라아사나 I 자세가 더 변형된 것으로, 이 자세에서는 두 팔을 옆으로 쭉 뻗는다. 비마나아사나로 알려져 있다.

· 비라바드라아사나 I 자세의 a)와 b)방법을 따라한다.

· 숨을 들이마시며 오른쪽 다리를 직각으로 굽힌 채로 두 팔을 어깨와 일직선이 되게 옆으로 뻗는다.

· 숨을 들이마시며 두 손을 허리에 얹고 다리를 편 다음 일어서서 몸을 앞으로 돌린다. 반대쪽으로도 행한다.

비마나아사나

비라바드라아사나 I

허리를 돌릴 때 가슴을 넓히는 법을 배운다.

d) 비라바드라아사나 I — 최종 자세

· 사마스티티 자세에서 우티타 하스타 파다아사나를 행한다.
· 두 팔을 머리 위로 쭉 뻗고 팔꿈치는 곧게 편다. 우르드바 나마스카라아사나에서처럼 두 손바닥을 모은다.
· 오른발을 오른쪽으로 바깥을 향해 90° 돌리고, 왼발은 오른쪽으로 안을 향해 60° 돌린다.
· 숨을 들이마시며 어깨와 몸통 전체를 오른쪽으로 돌린다.
· 가슴을 들어올리고 두 팔을 쭉 뻗은 상태에서 숨을 내쉬며 오른쪽 무릎을 90° 각도가 되게 굽힌다.
· 뒤쪽의 다리는 곧고 단단한 상태를 유지한다.
· 목을 쭉 펴고 머리를 뒤로 젖혀서 위를 바라본다.
· 숨을 들이마시며 머리를 들어올리고 다리를 펴서 일어선다. 몸통을 돌리고 두 발을 앞으로 향하게 한 다음 반대쪽으로도 행한다.

팔을 위로 올린 동안 허리를 적당히 돌린 상태를 유지하는 법을 배운다. 일반적으로 팔을 들어 올린 후에는 골반이 뒤쪽의 다리를 향해 기울게 된다.

주의 : 각 동작을 따로 수련한다. 최종 단계 d)는 두 가지 방법으로 한다. 첫째는 무릎을 굽히기 전에 두 팔을 위로 뻗고 행하는 것이고, 둘째는 무릎을 굽힌 후에 팔을 들어올리는 것이다(b~c). 우르드바 나마스카라아사나에서 가슴이 수축될 경우 두 손의 모양은 우르드바 하스타아사나에서와 같게 한다.

이러한 아사나들은 다리 근육을 조절하여 고급 단계의 서서 하는 아사나들, 특히 균형 잡기 아사나들을 시도할 때 도움이 된다. 또 척추 근육을 뻗거나 돌리는 것, 혹은 척추 근육을 척추로부터 멀리 떨어지도록 펴는 것과 같은 동작 및 움직임의 감각을 배우게 한다.

최대 범위로 팔 동작을 할 경우 겨드랑이, 어깨, 견갑골, 가슴의 갈비뼈 및 목의 뻣뻣함이 없어진다.

이 아사나들은 우리를 활기차고, 민첩하고, 주의 깊고, 정신적으로 확고하게 만들어 준다. 또한 의지력이 불타오르게 한다.

제 4 부

이 그룹의 아사나들에서는 똑바로 선 자세, 비스듬한 자세, 그리고 수평 자세에서 한쪽 다리로 균형을 잡는 법을 배우게 된다.

17. 브륵샤아사나 Vṛkṣāsana — 제1부 8번 참조
다음의 두 가지 서서 하는 아사나는 균형 잡기와 관련되어 있다. 그러므로 몸과 마음의 준비를 위해 브륵샤아사나를 되풀이하는 것이 도움이 된다.

브륵샤아사나에서의 무릎 위치는 아르다 찬드라아사나에서 무릎을 돌리는 것을 이해하는 데 유용하다. 넓적다리에 대한 기본적인 정보를 인식해 두어야 하는데, 그것이 핵심이기 때문이다.

아르다 찬드라아사나
무릎 굽히기

18. 아르다 찬드라아사나 Ardha Chandrāsana
 a) 무릎 굽히기
 b) 팔꿈치를 굽히고 몸 들어올리기
 c) 팔 위로 뻗기

 a) 무릎 굽히기
 · 먼저 우티타 트리코나아사나 자세의 지시를 따라 한다.
 · 오른쪽 무릎을 굽히고 오른손으로 오른쪽 다리 앞 약 30cm 정도 거리의 바닥을 짚는다.
 · 체중을 앞으로 옮겨 오른발과 오른손에 실리게 한다.

아르다 찬드라아사나
팔꿈치를 굽히고 몸 들어올리기

아르다 찬드라아사나
팔꿈치를 굽히고 몸 들어올리기

아르다 찬드라아사나
팔 위로 뻗기

b) 팔꿈치를 굽히고 몸 들어올리기

· 숨을 내쉬며 팔꿈치를 굽혀 왼손을 허리에 얹는다. 몸통을 머리 쪽으로 더 뻗는다.

· 왼발을 오른쪽 다리를 향해 약간 안으로 가져온다.

· 왼쪽 다리를 들어올려서 곧게 편다. 따라서 왼쪽 다리는 바닥과 평행이 되고, 오른쪽 다리는 바닥과 수직을 이루게 된다.

· 우티타 트리코나아사나로 돌아온 다음, 우티타 하스타 파다아사나 자세를 취한다. 왼쪽도 a)와 b)를 되풀이한다.

> 체중을 오른손과 오른쪽 다리로 옮기는 법을 배운다. 왼쪽 다리를 들어올리는 동시에 오른쪽 다리를 뻗는 법을 배운다. 이 동작들을 동시에 하는 법을 배워야 한다.

c) 팔 위로 뻗기

· b) 자세에서 왼팔을 어깨와 일직선을 이루게 하여 위로 쭉 뻗고, 손가락 끝은 천장을 가리키게 한다.

· 천천히 머리를 돌려 손을 바라본다.

· 숨을 내쉬며 오른쪽 다리를 굽히고 왼쪽 다리를 바닥으로 내린다. 우티타 트리코나아사나로 돌아온다.

· 몸을 일으켜 우티타 하스타 파다아사나 자세를 취한다.

· 반대쪽도 같은 과정을 되풀이한다.

> 머리와 목을 올릴 때 균형을 유지하는 법을 배우고, 들어 올린 다리가 아래로 처지지 않게 한다. 내려오는 동작에서 뒤쪽의 다리를 조심스럽게 내려놓는다.

비라바드라아사나 Ⅲ

비라바드라아사나 Ⅲ
손가락 끝으로 벽을 짚고

비라바드라아사나 Ⅲ
손가락 끝으로 바닥을 짚고

> 주의 : 동작의 민첩성과 균형 감각을 얻기 위해 오른쪽 다리와 오른손으로 균형을 잡으면서 파르스바 하스타 파다아사나에서 곧장 아르다 찬드라아사나를 행한다. 벽에 기대어 서서(등을 벽에 기대고) 균형 잡기를 수련해도 좋다.

19. 비라바드라아사나 Vīrabhadrāsana Ⅲ

· 비라바드라아사나 Ⅰ 자세를 행한 뒤, 숨을 내쉬며 몸통과 두 팔을 오른쪽 넓적다리 위에서 앞으로 쭉 뻗는다.
· 몸통을 팔 쪽으로 움직이면서 오른쪽 다리를 곧게 펴고 왼쪽 다리를 바닥과 평행이 되게 들어 올린다.
· 팔과 몸통을 앞으로 쭉 뻗고 왼쪽 다리는 뒤로 뻗는다. 오른쪽 다리는 곧게 펴지고 바닥과 수직을 이루어야 한다.
· 몸 전체, 팔, 몸통과 왼쪽 다리는 바닥과 평행을 이루면서 수직으로 선 오른쪽 다리로 균형을 잡아야 한다.
· 오른쪽 다리를 굽히고 왼쪽 발을 바닥에 내려놓으며 되돌아온다. 몸통을 들어올리면 비라바드라아사나 Ⅰ 자세가 된다.
· 반대쪽으로도 행한다.
· 오른쪽 다리를 곧게 펴고 사마스티티 자세로 돌아온다.

> 균형을 잡는 동안 집중하는 과정을 배운다. 몸이 흔들리면 마음도 흔들리고, 마음이 흔들리면 몸도 흔들린다.

> 주의 :
> 1) 몸이 무거워서 균형을 잡기가 힘들 경우, 이 자세에서 안정감을 얻을 때까지 손가락 끝으로 벽을 짚고 비라바드라아사나 Ⅲ 자세를 행한다.(임산부들은 이 방법을 따라 해도 좋다.) 그 다음에 벽에서 떨어져 수련한다. 빠르게 연속하여 두 다리를 교대로 들어올리는 것을 수련할 수도 있다.
> 2) 다리를 들어올리는 것이 힘들다면, 손가락 끝으로 바닥을 짚고, 몸통을 바닥과 평행하게 하고 머리는 앞으로 들어올린 상태로 수련한다. 또 다리를 곧게 펴서 들어올리는 것을 수련한다.

균형 잡기와 관련하여 여기에서 논의를 조금 더 깊이 해 보기로 한다. 몸을 적절히 지탱하는 힘뿐만 아니라 균형 감각도 척추 근육을 적당히 뻗음으로써 얻어진다. 균형 감각의 기초는 일반적으로 둘째 주나 셋째 주 무렵에 배우게 되는 브륵샤아사나에서 이미 이루어졌다. 브륵샤아사나는 다음의 두 가지 아사나를 배우는 데 도움이 된다.

아르다 찬드라아사나에서 우리는 한쪽 팔과 다리에 체중을 나누어 싣는 법을 배우는 반면, 비라바드라아사나 III 자세에서는 몸 전체가 한쪽 다리에 의지하여 수평을 유지한다. 이 아사나들은 프로그램의 둘째 달과 셋째 달에 소개한다.

아르다 찬드라아사나는 척추 아랫부분, 즉 요추와 천골 및 다리에 연결된 신경을 조율한다. 이 아사나는 무엇보다 여성들에게 유익한데, 부인병 문제와 관련될 경우 특히 그러하다. 생리통과 생리 출혈과다증을 앓고 있는 여성들은 생리 기간 중에는 벽에 기대고 이 아사나를 행할 수 있다.

이 아사나들은 좌골신경통, 관절통, 류머티즘 통증을 없애는 데 도움을 준다. 또 처진 어깨와 굽은 등을 교정하며 가슴을 확장시키고 끈기를 길러 준다. 고급 과정 수련생들의 경우에 이는 균형 잡기의 문제이며, 건강을 회복해야 할 사람들의 경우에는 호흡과 지구력이 향상될 것이다. 균형 잡기에 대한 요구로 인하여 주의력은 날카로워진다. 이 모든 균형 잡기 아사나들을 수행할 때 두뇌는 주의 깊어야 하고, 마음은 깨어 있어야 한다.

파탄잘리는 『요가 수트라』에서 "의식을 한 점이나 한 부위에 고정시키는 것이 집중이다."라고 말한다.[3] 특정 부위에 집중하기 위해서는 올바른 훈련이 필요하다. 이 아사나들에서 몸과 마음과 호흡은 조화를 이루어 함께 작용한다. 균형을 유지하기 위해서는 방심 없이 깨어 있으면서 더 깊게 주의를 기울여야 한다.

---

3) 더 자세한 사항은 『요가 수트라Light on the Yoga Sūtras of Patañjali』를 참조한다.

이때 우리는 완전히 몰입하여 집중하는 기술을 배우게 된다. 이 아사나들의 경우 앞의 아사나들에 비해 정신적 몰입이 더 강해진다. 우리에겐 날카로운 주의력이 필요하다. 아무 생각 없이 몰입을 할 수는 없다.

요가 수행자에게는 조화와 균형, 평정, 힘이 필요하다. 이 두 가지 아사나는 이러한 자질들을 개발해 주며 평형감각을 기르게 한다.

제 5 부

비마나아사나 및 비라바드라아사나 I에서 소개한 '반⊥ 회전Ardha Parivṛtta' 동작의 방향 감각을 익힌 후, 다음의 두 아사나에서는 회전 동작을 익히기 위해 좀 더 나아가는 법을 배운다. 어떤 아사나에서든 복부와 함께 척추를 돌리거나 비트는 것을 '파리브리타 크리야Parivṛtta Kriyā'라고 한다.

파리가아사나는 '보조적인 아사나'로서 몸통 측면을 얼마나 뻗을 수 있는지 결정한다. 몸통 측면 뻗기는 '회전 동작'을 향상시키는 데 도움을 준다. 파리가아사나는 파리브리타 트리코나아사나와 파리브리타 파르스바코나아사나를 위한 예비 아사나일뿐만 아니라 파리브리타 트리코나아사나와 파리브리타 파르스바코나아사나를 수행할 때 일어날 수 있는 오류를 바로잡아 주고 움직임을 평가하는 지침이 된다.

순서가 중요한데, 그것은 여기에서 수련생들이 수행의 기초 단계에서 초보자들을 위해 계획된 중급 단계로 나아가기 때문이다

20. 파리브리타 트리코나아사나 Parivṛtta Trikoṇāsana

 a) 왼손을 오른발 바깥쪽에 놓고
 b) 왼손을 오른발 안쪽 아치 부분 가까이에 놓고
 c) 왼손을 발목 위에 놓고

 a) 왼손을 오른발 바깥쪽에 놓고
 · 껑충 뛰어 우티타 하스타 파다아사나 자세를 취한다.
 · 몸을 돌려 파르스바 하스타 파다아사나자세를 행한다.

파리브리타 트리코나아사나

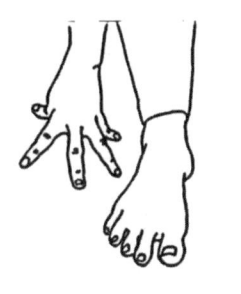

왼손을 오른발 바깥쪽에 놓고

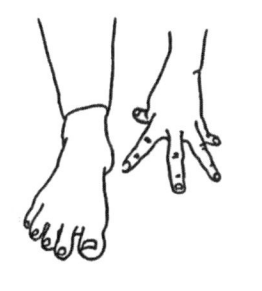

왼손을 오른발 안쪽 아치 부분 가까이에 놓고

왼손을 발목 위에 놓고

· 숨을 내쉬며 몸통 전체와 골반, 복부, 가슴, 머리를 오른쪽으로 돌려서 왼팔을 오른쪽 다리 위로 뻗는다.
· 숨을 내쉬며 왼손 손가락 끝으로 오른발 바깥쪽 바닥을 짚는다.
· 몸통을 돌리고 오른팔을 어깨와 일직선이 되게 하여 위로 쭉 뻗는다.
· 숨을 들이마시며 파르스바 하스타 파다아사나 자세를 취한 뒤, 우티타 하스타 파다아사나 자세로 돌아온다.
· 왼쪽도 동일하게 되풀이한다.

척추 근육을 최대한 신장시키고 가슴을 확장하면서 균형을 잡는 법을 배운다.

b) 왼손을 오른발 안쪽 아치 부분 가까이에 놓고
위의 방법이 너무 어려울 경우 왼손을 오른발 안쪽 아치 부분 가까이에 놓는 방법을 써도 된다.

몸통을 다리에 맞추어 정렬시킨 상태를 유지하면서 척추를 돌리는 법과 균형 감각을 얻는 법을 배운다.

c) 왼손을 발목 위에 놓고
손바닥이 바닥에 닿지 않을 경우 왼손을 발목 위에 놓는 또 다른 방법을 쓸 수 있다.

엉덩이와 머리를 일직선으로 유지하는 법을 (b와 c의 방법에서) 배운다. 머리가 다리 선을 넘지 않게 한다. 이렇게 정렬하는 것을 배우기 위해서는 벽 가까이에서 수련하도록 한다. 등을 벽에 대고 위의 방법을 따라 한다. 몸을 돌릴 때 위의 손은 벽에 대고 아래의 손은 위에서 말한 대로 놓는다.

오른쪽 무릎을 비라바드라아사나 II에서처럼
90°로 굽힌다.

몸통 전체를 비마나
아사나에서처럼 돌린다.

왼쪽 팔꿈치를 오른쪽
넓적다리 바깥에 건다.

파리브리타 파르스바코나아사나

21. 파리브리타 파르스바코나아사나 Parivṛtta Pārśvakoṇāsana

· 사마스티티 자세에서 껑충 뛰어 우티타 하스타 파다아사나 자세를 취한다.
· 이어서 파르스바 하스타 파다아사나 자세를 행한다.
· 오른쪽 무릎을 90°로 굽혀서 넓적다리가 비라바드라아사나 II에서처럼 바닥과 평행이 되게 한다.
· 숨을 내쉬며 몸통 전체와 골반, 복부, 가슴을 오른쪽으로 돌려 비마나아사나 자세를 취한다.
· 왼쪽 복부를 오른쪽 넓적다리 위로 가져온다.
· 왼쪽 팔꿈치를 굽혀 오른쪽 넓적다리 바깥쪽에 건 다음 왼쪽 손가락 끝으로 오른발 바깥쪽의 바닥을 짚는다.
· 오른팔을 천장을 향해 위로 쭉 뻗은 다음 위를 바라보면서 팔을 귀와 나란하게 머리 위로 뻗는다.
· 몸을 일으키기 위해 바닥에서 손을 떼고 몸통을 들어올려 비마나아사나, 파르스바 하스타 파다아사나, 우티타 하스타 파다아사나를 차례로 행한다. 반대쪽으로도 행한다.

주의 : 여러분들은 다음 단계들을 배울 수 있다.
1) 손을 허리에 얹고 있기
2) 팔을 천장 쪽으로 뻗기
3) 마지막으로 팔을 머리 위로 가져가기. 이는 우티타 파르스바코나아사나에 대한 설명과 비슷하다. 날숨과 회전 동작은 주의 깊게, 또 동시에 이루어져야 한다. 숨을 내쉴 때 복부는 부드러운 상태를 유지한다. 오른쪽에서 자세를 시도할 때는 몸통 왼쪽에 운동성이 있어야 하고, 왼쪽에서 시도할 때에는 몸통 오른쪽에 운동성이 있어야 한다. 동작은 균형을 잃지 않고 신속하면서 기민해야 한다.

이 아사나들은 옆구리를 돌리는 동작을 하게 함으로써 척추에 운동성을 부여하는데, 이러한 동작을 우리는 '회전'이나 '비틀기'라고 부른다. '파리브리타Parivṛtta'는 '회전된', '돌려진'의 의미를 지닌다.

기본적으로 이 아사나들은 척추 아랫부분으로의 혈액 공급을 증가시키며 간, 신장, 비장, 소장 및 대장, 췌장에 활력을 주고 이들을 자극하며 활성화시킨다. 이 아사나들은 당뇨병 환자에게 반드시 필요하다. 신진대사를 향상시키기 때문이다.

22. 파리가아사나 Parighāsana

a) 무릎 꿇기
b) 한쪽 다리를 옆으로 굽히기
c) 팔과 다리 뻗기
d) 몸통을 옆으로 뻗기

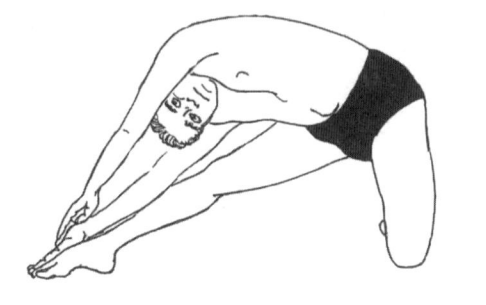

파리가아사나

a) 무릎 꿇기
· 허리에 손을 얹은 채로 담요 위에 무릎을 꿇는다.
· 정강이뼈로 담요를 누르면서 발과 발가락은 똑바로 뒤쪽을 향하게 한다.

> 정강이와 발목, 척골을 담요 위로 단단히 누르는 법을 배운다.

> 주의 : 이 무릎 꿇는 자세는 우스트라아사나(제12부 참조)와 나중에 수련할 고급 단계의 뒤로 굽히는 아사나 몇 가지를 행할 때 필요하므로 배워 두어야 한다.

무릎 꿇기

b) 한쪽 다리를 옆으로 굽히기
· 오른쪽 다리를 들고 오른발을 옆으로 돌려서 비라바드라아사나 II에서처럼 90°로 굽힌 상태를 유지한다.
· 무릎을 바깥으로 돌린 상태를 유지한다.
· a) 자세로 돌아와서 왼쪽도 행한다.

한쪽 다리를 옆으로 굽히기

다리 펴기

팔 펴기

몸통 옆으로 뻗기

귀와 나란히 팔 뻗기

이 자세에서는 엉덩이를 안으로 바짝 죄고 몸통을 곧게 유지하는 법을 배운다.

c) 팔과 다리 뻗기
· 양쪽 엉덩이의 높이를 흩트리지 않고 오른쪽 다리를 오른쪽 엉덩이와 일직선을 이루게 하여 옆으로 쭉 뻗는다. 다리는 곧게 펴고 종지뼈는 단단히 조인다.
· 두 팔을 어깨 높이에서 양쪽으로 곧게 뻗는다.
· a)자세로 돌아온 뒤 왼쪽도 행한다.

이 중급 수준의 자세에서는 굽힌 무릎 쪽의 정강이뼈, 발목, 발목 아래의 척골蹠骨을 바닥 위에 누르는 법을 배운다. 두 팔을 쭉 펴고 가슴을 여는 법을 배운다.

d) 몸통을 옆으로 뻗기
· c)자세를 취한다.
· 왼손을 허리에 얹는다.
· 숨을 내쉬며 가슴과 복부를 앞으로 향하게 하고 몸통을 오른쪽 다리 쪽으로 굽힌다.
· 오른손을 오른쪽 정강이뼈에 얹는다.
· 숨을 내쉬며 왼팔을 왼쪽 귀에 나란하게 머리 위로 뻗는다.
· 앞가슴을 연 채로 가능한 한 오른쪽으로 멀리 뻗는다.
· 왼팔을 허리로 가져오면서 몸통을 들어올려 몸을 일으킨다.
· 반대쪽으로도 행한다.

우티타 파르스바코나아사나에서처럼 천장을 향해 몸통을 돌리는 법을 배운다. 몸을 오른쪽으로 뻗을 때 왼쪽에도 똑같이 주의를 기울이는 법을 배우고 그 반대도 마찬가지이다.

파리가아사나는 보조 아사나로서 우티타 트리코나아사나와 우티타 파르스바코나아사나를 향상시킨다. 또한 파리가아사나는 몸통의 측면을 늘여 준다. 이 아사나는 초보자들이 파리브리타 트리코나아사나와 파리브리타 파르스바코나아사나와 같은 아사나를 행할 때 비틀기나 회전 동작에서 생길 수 있는 복부의 경련을 피할 수 있게 하려는 목적으로 소개된다. 몸을 돌리는 과정에 유리늑골과 가늑골假肋骨이 눌릴 때가 종종 있는데, 이는 파리가아사나에서 해결된다.

압박을 피하면서 척추와 복부를 옆으로 돌리는 바라드바자아사나 I(제9부)과 파리브리타 자누 시르사아사나(『요가 디피카』 참조)를 이 아사나와 비교해 보라. 척추 옆면을 돌리는 동작은 파리브리타 트리코나아사나와 파리브리타 파르스바코나아사나를 향상시키는 데 도움이 된다. 또 이 동작은 복부의 압박 없이 척추 옆면을 뻗고 비트는 한편 몸을 옆으로 기울이고 아래로 뻗게 함으로써 척추 옆면을 비틀면서 뻗는 동작을 보완한다. 흉곽 전체의 양 측면은 물론 골반과 유리늑골 사이가 활짝 열림에 따라 호흡 과정이 향상된다.

다음 그룹의 아사나를 살펴보자.

제6부

23. 파르스보타나아사나 Pārśvōttānāsana
24. 프라사리타 파도타나아사나
    Prasārita Pādottānāsana
25. 우타나아사나 Uttānāsana
26. 파당구쉬타아사나 Pādāṇguṣṭhāsana
27. 아도 무카 스바나아사나
    Adho Mukha Śvānāsana

제 6 부

이 그룹의 아사나에서는 몸을 앞으로 굽혀 척추 근육을 앞으로 뻗는 것을 배운다. 앞으로 뻗기는 파스치마 프라타나 스티티로 알려져 있다. 척추, 특히 척추 근육과 신경의 압박을 피하고 근육을 잘못 뻗는 것을 막기 위해서는 등을 오목하게 해야 한다.

파르스보타나아사나에서 등을 오목하게 하는 것은 팔과 어깨의 동작과 더불어 신체의 구조를 개선시킨다.

각 아사나에서 먼저 등을 오목하게 한 다음 머리를 아래로 낮춘다. 척추를 신장시키고 척추 근육의 위치를 바로잡는 데 도움이 되도록 등을 오목하게 할 것을 강조한다.

파르스보타나아사나

서기/오목하게 하기

파르스보타나아사나

두 손을 발의 양쪽 옆에 두기

23. 파르스보타나아사나 Pārśvōttānāsana

a) 등 오목하게 하기 — 서기/오목하게 하기
b) 머리 낮추기
c) 반다 마니 반다 파르스보타나아사나 — 손목을 등에 두고 머리 낮추기
d) 반다 하스타 파르스보타나아사나 — 두 팔꿈치를 잡고 머리 낮추기
e) 파스침 나마스카라 — 머리 낮추기
  (최종 동작 하는 것을 배우기 전에 팔을 조정하는 다양한 방법을 참조한다.)

a) 등 오목하게 하기 — 서기/오목하게 하기
· 사마스티티 자세에서 다리를 90~105cm 정도 벌려 우티타 하스타 파다아사나 자세를 취한다.
· 두 손을 허리에 얹는다. 두 손을 허리에 얹은 채 오른쪽에서 파르스바 하스타 파다아사나 자세를 취한다. 왼발을 안쪽으로 더 돌린다.
· 다리를 곧고 굳건한 상태로 유지하면서 숨을 들이마시며 척추와 복부, 가슴, 흉골, 머리를 들어 올린다. 목을 젖혀서 뒤쪽 위를 바라본다.
· 숨을 들이마시며 머리를 들어 가운데로 가져온다.
· 숨을 내쉬며 몸 전체를 바닥과 평행하게 앞으로 쭉 뻗는다.
· 허리에서 손을 떼고 두 손의 손가락 끝으로 오른발 양옆의 바닥을 짚는다. 두 다리와 팔이 곧게 펴졌는지, 골반이 바닥과 평행을 이루는지 확인한다.
· 머리를 들고, 등을 오목하게 해서 위를 바라본다.
· 숨을 들이마시며 몸을 일으킨다.
· 왼쪽도 동일한 동작을 되풀이한다.

> 주의 : 손이 바닥에 닿지 않을 경우 다리 양쪽 옆에 목침을 두고 그 위에 손바닥을 놓는다.

b) 머리 낮추기
· a)의 방법을 따라 오른쪽에서 행한다.
· 이제 숨을 내쉬며 몸을 낮추어 복부가 오른쪽 넓적다리 쪽으로 오게 한다.
· 머리를 정강이뼈로 가져간다.
· 숨을 들이마시며 머리와 몸통을 들어 올린 다음 두 손을 허리에 얹고 우티타 하스타 파다아사나 자세로 돌아간다.
· 반대쪽으로도 행한다.

파르스보타나아사나
머리를 낮추고

파르스보타나아사나
손목을 등에 두고

두 팔꿈치를 잡은 자세

한 번은 오른쪽으로, 또 한 번은 왼쪽으로 시도하면서 이 동작들을 세 단계로 나누어 배운다.
1) 손바닥을 허리에 얹고, 몸통을 옆으로 돌리며, 머리를 뒤로 젖힌다.
2) 두 손을 바닥에 내리고 등을 오목하게 한다.
3) 머리를 낮춘다.

오른쪽은 물론 왼쪽으로도 연속적으로 동작을 행하는 것을 배운다.

c) 받다 마니 반다 파르스보타나아사나
  손목을 등에 두고 머리를 낮춘다. 파스침 나마스카라아사나를 하기 위해 다음의 단계들을 따른다.
  · 등 뒤에서 왼손으로 오른쪽 손목을 잡고 위의 모든 동작들을 따라 한다.
  · 이제 오른손으로 왼쪽 손목을 잡고 동작들을 되풀이한다.

d) 받다 하스타 파르스보타나아사나 — 두 팔꿈치를 잡고
  · 등 뒤에서 왼팔을 굽혀 오른쪽 위팔/팔꿈치를 잡고, 오른팔을 굽혀 왼쪽 위팔/팔꿈치를 잡는다.
  · 이미 설명한 대로 나머지 순서를 따라 한다.
  · 이제 오른팔을 굽혀 왼쪽 위팔/팔꿈치를, 왼팔을 굽혀 오른쪽 위팔/팔꿈치를 잡고 순서대로 모두 행한다.

e) 파스침 나마스카라 — 머리를 낮추고
  · 사마스티티 자세에서 파스침 나마스카라아사나 자세를 취한다(제1부 참조).
  · 껑충 뛰어 다리를 90~105cm 정도 벌려서 선다.
  · 오른발을 오른쪽으로 90° 돌린다.
  · 몸통과 복부, 가슴을 들어올리고 머리는 위를 바라보게 한다.

파르스보타나아사나
파스침 나마스카라

- 머리를 바로 세운다.
- 숨을 내쉬며 몸통과 가슴을 오른쪽 넓적다리를 향해 앞으로 뻗고 머리는 정강이뼈로 가져간다.
- 숨을 들이마시며 몸통을 들어올려 몸을 일으키고 두 발을 가운데를 향해 돌려 앞을 보게 한다. 왼쪽에서도 행한 다음 사마스티티 자세로 돌아온다.

> 아사나를 행하는 동안 내면에 주의를 기울임으로써 통찰력을 기르는 법을 배운다. 동작은 다르지만 주의력은 하나로 연결되게 한다.

> 주의 : 이 모든 팔 동작은 관절염이나 류머티즘 등의 질환이 있는 수련생들에게 중요하다.

파르스보타나아사나에는 여러 가지 동작이 포함되어 있는데, 이 동작들은 목과 팔, 어깨, 손목, 겨드랑이, 발목, 발가락, 무릎, 골반, 넓적다리, 척추 등에 있는 관절의 운동성을 유지시켜 준다. 이 자세에서는 모든 관절이 동작에 관여하며 동작과 연계되어 있다. 즉 이것은 '동작으로 가득 찬' 아사나이다. 그러나 이 아사나에는 뇌를 진정시키고 신경을 가라앉혀 마음을 긴장에서 벗어나게 하는 기능도 있다.

24. 프라사리타 파도타나아사나 Prasārita Pādottānāsana
a) 등을 오목하게 하기
b) 머리 내리기

a) 등을 오목하게 하기
- 사마스티티 자세로 서서 두 손을 허리에 얹는다.
- 숨을 들이마시며 껑충 뛰어 다리를 120cm 정도 벌려서 선다.
- 숨을 내쉬며 몸통을 엉덩이에서부터 앞으로 쭉 뻗고 척추를 늘여 준다.
- 허리에서 손을 떼고 손끝으로 바닥을 짚는다. 이때 두 손은 어깨 너비만큼 떨어지게 하고 두 다리와 일직선을 이루게 한다.
- 숨을 들이마시며 척추를 더 멀리 뻗는다.
- 가슴과 흉골을 들어올리고 목을 길게 늘인다. 머리를 위로 올려 위쪽을 바라본다.

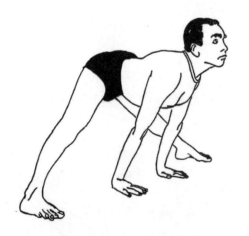

프라사리타 파도타나아사나
등을 오목하게 하기

프라사리타 파도타나아사나
머리 내리기

발이 미끄러지거나 밀리지 않게 하여 두 다리를 벌리는 법을 배운다. 자동차에 브레이크를 거는 것처럼 두 발의 바깥 가장자리를 누르는 법을 배운다. 팔과 다리를 이용하여 등을 오목하게 하는 법을 배운다.

b) 머리 내리기

· 가슴을 활짝 연 상태로 숨을 내쉬며 팔꿈치를 굽히고 머리를 바닥으로 가져간다. 정수리를 바닥에 댄다.
· 두 손을 두 발과 나란하게 놓는다.
· 몸을 일으키려면 먼저 머리를 들어올려서 위를 바라본 다음, 가슴을 들어올리고 허리에서부터 일어난다.
· 껑충 뛰어 두 발을 모으고 선다.

이 두 가지 동작을 분리된 단계로 배운다. 바닥 위 정수리를 댈 부분을 바라본다.

주의 : 두 손바닥과 머리가 두 발과 일직선을 이룬 상태로 몸을 굽히는 것이 힘들다면 두 손을 앞으로 더 내고 손바닥과 머리가 일직선이 되게 한다.

등을 오목하게 하는 것을 강조하는 첫 번째 단계에서는 척추를 더 많이 뻗을 수 있게 된다. 머리를 내리기 전에 몸을 뻗기 위해 등을 오목하게 하는 일련의 과정은 등에 문제가 있을 때 유익하다. 특히 생리 중인 여성과 임산부에게 이롭다. 머리를 내려놓는 것은 회복에 좋다.

받다 하스타 타다아사나

받다 하스타 **우타나아사나**

25. 우타나아사나 Uttānāsana

a) 받다 하스타 타다아사나 — 두 다리를 벌리고 두 팔꿈치를 잡아서

b) 받다 하스타 우타나아사나

c) 우타나아사나 — 두 다리를 벌리고 팔을 내려서

    i) 등 오목하게 하기

    ii) 머리 내리기

d) 우타나아사나 — 두 발을 모으고

    i) 등 오목하게 하기

    ii) 머리 내리기

a) 받다 하스타 타다아사나

· 사마스티티 자세로 서서 발을 30~45cm 정도 벌린다.

· 두 발은 평행하게 앞으로 향하게 하고 다리와 무릎을 곧게 편다.

· 먼저 오른손으로 왼쪽 팔꿈치를 잡은 다음 왼손으로 오른쪽 팔꿈치를 잡는다. 숨을 들이마시며 잡은 팔을 귀와 나란히 머리 위로 뻗고 몸 전체를 위로 들어 올리면서 쭉 뻗는다.

· 팔을 풀어 아래로 내리고 잡는 방향을 바꾼다.

> 팔꿈치를 꼭 잡고 몸통 옆면을 길게 늘이는 법을 배운다.

b) 받다 하스타 우타나아사나

· 받다 하스타 타다아사나 자세를 취한다.

· 숨을 내쉬며 몸통을 앞으로 쭉 뻗으면서 아래로 내린다.

· 다리를 곧게 편 채로 몸통, 팔, 팔꿈치를 바닥 쪽으로 쭉 뻗는다.

· 숨을 들이마시며 몸통을 들어올려 몸을 일으킨 다음, 팔을 풀고 두 발을 모은다.

· 팔의 위치를 바꾸고 되풀이한다.

몸통을 아래로 뻗는 법을 배운다. 몸통을 가슴과 엉덩이의 측면에서부터 아래로 풀어 준다. 횡격막을 단단히 조이지 않는다.

c) 우타나아사나 — 두 다리를 벌리고 팔을 내려서

　　i) 등 오목하게 하기

· 사마스티티 자세로 서서 발을 30~45cm 정도 벌린다.

· 숨을 내쉬며 몸통을 앞으로 쭉 뻗으면서 아래로 내리고 발목뼈와 나란히 두 손가락 끝으로 바닥을 짚는다.

· 팔과 다리를 곧게 편 상태에서 숨을 들이마시며 등을 오목하게 한다. 머리를 들어올리고 위를 바라본다.

척추 근육이 몸통의 양 측면 쪽으로 펴지게 하면서 등을 오목하게 하고 등의 근육이 약간 내려앉게 하는 법을 배운다.

우타나아사나
다리 벌리기, 팔 내리기, 등 오목하게 하기

　　ii) 머리 내리기

· 숨을 내쉬며 몸통을 아래로 내리고 팔꿈치를 옆으로 향하게 굽힌다.

· 목을 길게 늘이고 머리를 정강이뼈 쪽으로 가져간다.

· 숨을 들이마시며 두 팔을 곧게 펴고 등을 오목하게 한 다음, 사마스티티 자세로 돌아간다.

주의 : 척추를 아래로 뻗기 위해서 손바닥으로 발목을 잡고 몸통을 아래로 길게 늘여도 좋다.

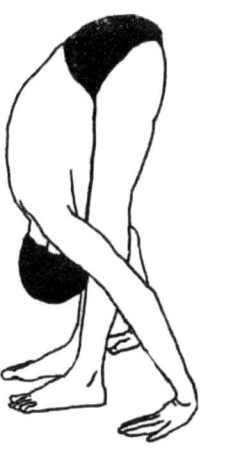

우타나아사나
다리 벌리기, 팔 내리기, 머리 내리기

우타나아사나
두 발 모으기

우타나아사나
두 발 모으고
머리 내리기

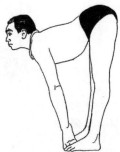

파당구쉬타아사나
등 오목하게 하기

d) 우타나아사나 — 두 발을 모으고

    i) 등 오목하게 하기

· 사마스티티 자세로 선다.
· 숨을 내쉬며 척추를 앞으로 쭉 뻗고 허리를 길게 늘인다.
· 손가락 끝으로 어깨 아래 위치의 바닥을 짚는다.
· 팔꿈치를 곧게 편다.
· 숨을 들이마시며 가슴을 들어올린다. 머리를 들고 등을 오목하게 하여 위를 바라본다.

    ii) 머리 내리기

· 숨을 내쉬며 팔꿈치를 굽혀 머리를 아래로 내린다. 몸통을 넓적다리 쪽으로 가져가고 허리를 길게 늘인다.
· 숨을 들이마시며 가슴을 들어 올리고 등을 오목하게 한다.
· 몸을 일으켜 사마스티티 자세로 돌아온다.

> 숨을 내쉬며 몸통을 아래로 쭉 뻗는 법을 배운다.

26. 파당구쉬타아사나 Pādāṇguṣṭhāsana

a) 등 오목하게 하기
b) 머리 내리기

a) 등 오목하게 하기

· 사마스티티 자세에서 발을 30cm 정도 벌리고 선다.
· 발의 자세를 흩트리지 않고 우타나아사나 자세를 취한다.
· 두 손의 엄지손가락과 집게손가락, 가운뎃손가락으로 두 발의 엄지발가락을 잡는다.
· 팔을 곧게 편다.
· 숨을 들이마시며 척추를 길게 늘여서 등을 오목하게 한다. 가슴을 들어올리고 목을 늘여 위를 바라본다.

파당구쉬타아사나
머리 내리기

엄지발가락 잡기

아도 무카 스바나아사나

손 짚기

겨드랑이와 사타구니의 오목한 곳 사이에 공간을 만들어 복부의 늘어진 내장 기관들이 들어 올려지고 척추에 의해 지탱되도록 하는 법을 배운다.

b) 머리 내리기
· 숨을 내쉬며 팔꿈치를 옆으로 향하게 굽히고 머리와 몸통을 내린다. 머리를 정강이뼈 쪽으로 가져간다.
· 숨을 들이마시며 등을 오목하게 하고 엄지발가락을 잡은 것을 푼 다음 몸을 일으켜 사마스티티 자세로 선다.

발가락을 잡고 앞으로 좀 더 굽히는 법을 배운다.

27. 아도 무카 스바나아사나 Adho Mukha Śvānāsana
· 우타나아사나 자세에서 두 손을 내려 바닥을 짚는다.
· 한 번에 한 다리씩 뒤로 보내 두 손과 발 사이의 거리가 90~120cm 정도 되게 한다.
· 두 손을 어깨 너비로 벌린다.
· 두 발이 손바닥과 일직선을 이루게 한다.
· 손바닥을 펴고 손가락을 벌린 후 바닥에 고르게 누른다.
· 숨을 내쉬며 팔을 쭉 뻗는다. 팔꿈치를 곧게 펴고 척추를 엉덩이를 향해 위로 길게 늘인다.
· 다리를 곧게 펴고 무릎 뒤쪽을 활짝 연다. 넓적다리를 위로 들어 올리면서 뒤로 누른다. 엉덩이를 들어올려 몸통을 넓적다리 쪽으로 당겨 넣을 공간이 생기게 한다.
· 종아리 근육을 쭉 뻗으면서 발뒤꿈치를 바닥 쪽으로 가져간다.

손에서 엉덩이까지, 또 발뒤꿈치에서 엉덩이까지 쭉 뻗는 법을 배운다.

한 번에 한 다리씩 뒤로 보낸다.

손바닥을 펴고 손가락을 벌린다.

주의 : 발뒤꿈치가 미끄러져 안정감이 없으면 발뒤꿈치의 뒤쪽을 벽에 댄다. 이와 비슷하게 손바닥이 미끄러질 때는 엄지손가락과 집게손가락을 벽에 대도록 한다. 손바닥은 약간 바깥쪽으로 돌린다.

앞으로 뻗기는 항상 등을 오목하게 하여 행한다. '왜 앞으로 굽힐 때 허리가 아픈가?', '왜 의사는 앞으로 뻗는 동작들을 피하라고 하는가?'와 같은 의문이 늘 생길 수 있다. 요통이 발생하는 이유는 무엇보다 오목하게 하는 동작을 바르게 하는 사람이 없기 때문이다. 등을 오목하게 하지 않고 단지 굽히기만 하면 위험하다. 먼저 척추를 길게 늘여 척추 관절 사이에 공간을 만들어야 한다. 이렇게 하면 압박 현상이 없기 때문에 부상을 피할 수 있다.

서서 하는 아사나들 중 이 그룹은 척추를 앞으로 뻗게 하며, 서서 하는 다른 아사나들로 인해 발생하는 피로를 없애 준다. 이러한 모든 아사나에서 척추는 심장 위에 있게 된다. 이렇게 엎드린 자세에서 심장은 내려앉게 되는데, 이는 심장에게는 일종의 휴식 자세라고 할 수 있다. 심장이 정상적인 수직 위치에 있을 때, 즉 우리가 똑바로 서 있을 때 심장은 활기차게 움직인다. 이렇게 똑바로 서 있는 자세에서는 심실에 가해지는 압력이 증대되고 심실이 확장된다. 아도 무카 스바나아사나를 할 때처럼 심장의 위치가 거꾸로 되었을 경우 심실에 가해지는 격심한 활동이 감소된다.

사원에서 신상神像은 단 위에 놓여진다. 이 단을 '피타peetha(높여 놓은 단상)'라고 부른다. 이 아사나들에서는 심장을 위한 피타가 만들어진다. 이 모든 아사나들에서 심장에 가해지는 긴장은 줄어들고 우리는 신체적, 정신적 피로로부터 회복된다. 심장을 누르는 압박이 감소되며 숨이 가쁜 증상은 완화된다. 몸이 피로하거나 지쳤을 때 이러한 아사나가 필요하다. 더 나아가 머리를 받침대나 의자, 큰베개 위에 놓거나 몸을 밧줄에 의지하여 휴식을 취할 수도 있다.

이 아사나들은 신경계를 조율하며 뇌로 가는 혈액 순환을 향상시키는 동시에 혈액이 뇌로 갑자기 몰리는 것을 방지한다. 그러므로 뇌가 시원해지는 것을 느끼게 된다. 고혈압, 심계항진, 우울증, 조울증 등을 앓고 있는 사람들은 증상이 크게 경감됨을 알게 될 것이다.

메스꺼움, 현기증을 느끼거나 실신할 것 같을 때 즉시 이 아사나들로 전환하도록 한다. 이들 아사나에서는 복부 기관이 마사지 된다. 소화가 더 잘 되고 배설이 더 쉬워지므로 변비에 걸린 사람들은 증세가 크게 완화될 것이다. 이는 장의 연동운동이 향상되기 때문이다. 또한 이 아사나들은 간과 비장을 조율한다. 이 아사나들을 수행하고 난 뒤에는 몸이 가벼워지는 것을 느끼게 된다.

파르스보타나아사나의 다양한 동작들은 골반과 다리, 엉덩이, 목, 손목, 어깨 및 팔꿈치의 뻣뻣함을 없애 준다.

이 아사나들은 시르사아사나를 위해 좋은 토대를 마련해 준다. 이 아사나들을 수련함으로써 시르사아사나가 주는 효과적인 느낌을 얻을 수 있다. 우리는 거꾸로 하는 아사나와 이것을 통해 얻은 거꾸로 바라보는 시각에 익숙해진다. 또한 강박적인 공포감이 감소되고 생리적으로나 정신적으로 거꾸로 하는 자세를 취할 준비를 갖추게 된다. 특히 거꾸로 하는 아사나를 수행할 때 처음에 어지러워하는 입문자들에게 있어 더 그렇다.

이 아사나들은 앉아서 앞으로 뻗는 자세들을 향상시키는 데 도움이 된다.

서서 하는 아사나는 여기에서 끝난다.

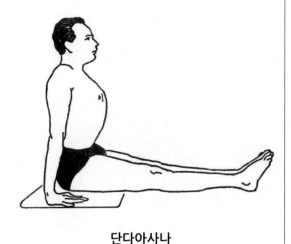

단다아사나

제 2 장

앉아서 하는 아사나

이제 앉아서 하는 아사나로 넘어가기로 한다. 앉은 자세로 행하는 아사나들은 우파비스타 스티티로 알려져 있다.

사람들은 다리를 쪼그리고 바닥에 앉는 것이 어렵다는 것을 매우 자주 느끼는데, 요즘에는 모든 사람들이 의자에 앉아 생활하기 때문이다. 무릎이나 발목, 고관절, 척추가 문제를 일으키기 시작하므로 이제 바닥에 앉는 법을 배울 때가 되었다.

운동성과 유연성을 얻기 위해 다양한 자세에서 다리를 정확히 놓는 것을 배울 수 있는 앉아서 하는 아사나를 여기 소개한다.

제 7 부

28. 단다아사나 Daṇḍāsana
· 바닥에 담요를 깐다.
· 담요 위에 똑바로 앉아서 두 다리를 몸 앞에서 곧게 뻗는다.
· 두 넓적다리와 발을 모으고 발가락이 천장을 똑바로 향하게 한다.
· 정확히 엉덩이뼈 위에 앉아서 양쪽 엉덩이에 체중이 골고루 분산되게 한다.

우르드바 하스타 단다아사나

파당구쉬타 단다아사나

· 무릎 뒤쪽을 바닥을 향해 누른다.

· 두 팔을 곧게 펴고 손을 엉덩이 양쪽 옆에 둔다. 어깨뼈는 뒤로 돌린다.

· 척추와 복부, 몸통을 들어올린다.

· 흉골을 머리 쪽으로 들어올린다.

· 목과 머리를 곧게 하여 눈높이로 앞을 바라본다.

> 척추를 위로 들어올리고 천골과 등을 몸 안쪽으로 움직이는 법을 배운다. 이들을 오목하게 유지하기 위해 손을 사용하여 척추를 활성화시킨다. 엉덩이뼈를 조정하는 법을 배운다.

29. 우르드바 하스타 단다아사나 Ūrdhva Hasta Daṇḍāsana — 팔을 위로 올리고

· 위에서처럼 단다아사나 자세로 앉는다.

· 숨을 들이마시며 두 팔을 위로 들어 올려서 위팔이 귀와 나란하게 한다.

· 팔꿈치를 곧게 펴고 손바닥을 펴서 서로 마주보게 한다. 손가락은 위로 곧게 뻗는다.

> 천골의 오목함을 유지한 채로 팔을 위로 올리는 법을 배운다. 횡격막을 열고 가슴 근육이 위축되지 않게 하면서 신장 부위를 오목하게 하는 법을 배운다.

30. 파당구쉬타 단다아사나 Pādāṅguṣṭha Daṇḍāsana — 등을 오목하게 하여 발가락을 잡고

· 숨을 내쉬며 두 팔을 앞으로 뻗고 엄지손가락, 집게손가락, 가운뎃손가락으로 엄지발가락을 잡는다.

· 팔꿈치를 곧게 편다.

· 흉추를 몸 안쪽으로 당겨서 등을 오목하게 하고 흉골을 들어올린다. 쇄골을 넓게 펴고 목을 쭉 뻗으며 머리를 위로 들어 뒤쪽을 바라본다.

· 잡은 손을 풀고 단다아사나로 돌아간다.

받다 코나아사나

받다 코나아사나
손을 엉덩이 양쪽 옆에 놓고

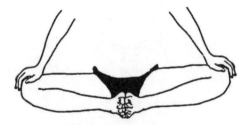

받다 코나아사나
손바닥을 무릎 가까이의 넓적다리 위에 놓고

등 아래쪽을 오목하게 하는 법을 배운다. 다리 뒷부분을 아래로 눌러서 몸통을 위로 들어올린다.

주의 : 앞으로 뻗는 모든 자세에서 이 중간 단계는 매우 중요하다. 앞으로 굽히기 전에는 척추를 오목하게 해야 한다. 앞으로 뻗는 자세들은 척추를 오목하게 하고 뻗은 상태에서 이루어져야 한다. 나중에 이 책에서 '우르드바 무카…'와 같은 이 중간 단계madhya-sthiti를 다룰 것이다. 이러한 특수한 명칭은 더 쉽게 가르치기 위해 편의로 만든 것이다.

31. 받다 코나아사나 Baddha Koṇāsana

· 단다아사나 자세로 앉는다.
· 한 번에 한 다리씩 굽혀 무릎은 바깥으로 발뒤꿈치는 회음 쪽으로 향하게 하고, 두 발의 발바닥을 서로 누른다. 나중에 수련을 함에 따라 두 발을 동시에 모을 수 있다.
· 발뒤꿈치를 가능한 한 회음 쪽으로 가깝게 당긴다.
· 두 무릎을 양쪽 엉덩이에서 멀리 떨어지도록 넓게 벌리고 바닥 쪽으로 내린다.
· 손가락을 깍지 끼어 발을 감싸 잡는다.
· 똑바로 앉아서 척추를 세우고 가슴을 들어올리며 어깨뼈를 뒤로 돌린다.
· 두 다리를 넓게 벌리고 몸통을 들어올리는 것을 관찰하면서 이 아사나에 머문 뒤,
· 손을 풀고 다리를 몸 앞으로 뻗어 단다아사나 자세를 취한다.

사타구니를 열고 고관절을 느슨하게 이완하는 법을 배운다.

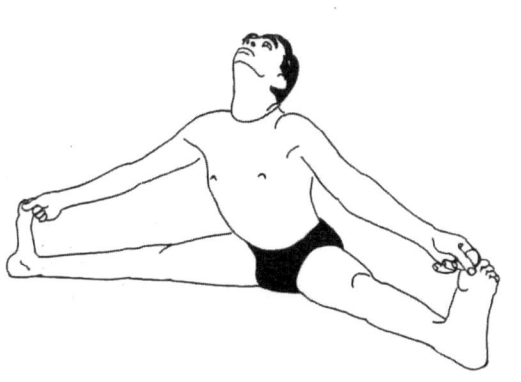

우파비스타 코나아사나

32. 우파비스타 코나아사나 Upaviṣṭha Koṇāsana

· 단다아사나 자세로 앉아서 한 번에 한 다리씩 옆으로 벌리고 다리 사이의 거리를 넓힌다. 좀 더 발전하면 두 다리를 동시에 벌린다.
· 넓적다리 가운데와 무릎 가운데, 발의 중간 부분이 정확하게 천장을 향하게 한다.
· 넓적다리, 무릎, 종아리 근육의 뒷부분을 아래로 누른 상태를 유지한다.
· 손은 엉덩이 양쪽 옆에 둔다.
· 척추와 가슴을 들어올리고 견갑골을 움직여 등 안쪽으로 들어가게 한다.

다리를 넓게 벌리고 넓적다리, 종아리, 발뒤꿈치의 뒤쪽 중심이 바닥에 닿게 하는 법을 배운다.

주의 : 두 다리를 벌리고 있는 동안 고관절에 무리한 자극이 가지 않게 정확히 엉덩이뼈 위에 앉도록 주의한다.

파당구쉬타 우파비스타 코나아사나
등을 오목하게 하고 숨을 들이마시며 흉골을 들어올리고 위를 바라본다.

33. 파당구쉬타 우파비스타 코나아사나 Pādāṅguṣṭha Upaviṣṭha Koṇāsana — 등을 오목하게 하고

· 위의 자세에서 시작한다.
· 숨을 내쉬며 몸을 앞으로 굽혀 두 손의 엄지손가락, 집게손가락, 가운뎃손가락으로 양쪽 엄지 발가락을 잡는다.
· 넓적다리를 바닥 쪽으로 누르고 발뒤꿈치 안쪽을 뻗는다.
· 몸통 양 옆면을 들어올린다.
· 견갑골 사이에서 흉추를 몸 안쪽으로 밀어 넣고 가슴을 더 들어올린다.

우파비스타 코나아사나
양쪽 발에 벨트를 사용하여

· 숨을 내쉬며 손을 풀고 똑바로 앉아서 단다아사나 자세를 취한다.

> 척추를 들어올리고 오목하게 하는 법을 배운다.

> 주의 : 이 변형 동작을 할 때, 발에 손이 닿지 않는 사람들은 양쪽 발에 벨트를 사용해도 좋다.

34. 스바스티카아사나 Svastikāsana

· 단다아사나 자세로 앉아서 오른쪽 무릎을 굽혀서 오른발을 왼쪽 넓적다리 아래에 놓는다.
· 왼쪽 무릎을 굽혀서 왼발을 오른쪽 넓적다리 아래로 가져온다.
· 이것은 다리를 교차시키는 간단한 자세로, 이때 양쪽 정강이뼈는 몸의 중심선 위에서 교차되고 두 발은 반대쪽 넓적다리 아래에 놓인다.
· 똑바로 앉아서 몸통과 가슴을 들어올리고 머리를 바로 세운다.
· 다리를 풀고 단다아사나 자세로 갔다가 왼발은 오른쪽 넓적다리 아래로, 오른발은 왼쪽 넓적다리 아래로 가져와서 다리를 교차시키는 자세를 바꾼다.
· 다리를 풀고 단다아사나 자세로 돌아간다.

> 다리의 위치를 교대로 바꾸면서 다리를 교차시키고 푸는 법을 배운다. 이전에 어느 다리를 다른 다리에 교차시켰는지 종종 혼동하는 수가 있다.

> 주의 : 이것은 프라나야마를 수행할 때 반드시 필요한 아사나이다.

스바스티카아사나

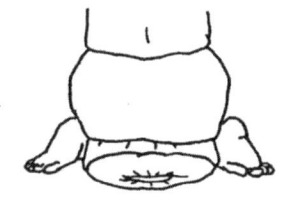

파르바타아사나 — 스바스티카아사나에서

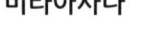

비라아사나

큰 베개의 도움을
받아 앉기

35. 파르바타아사나 Parvatāsana — 스바스티카아사나에서

· 스바스티카아사나 자세로 앉는다.
· 손가락을 깍지 끼고(제1부 참조) 손바닥을 바깥으로 돌린다. 두 팔을 곧게 펴서 머리 위로 들어
  올리고 위팔이 귀와 나란하게 한다.
· 팔꿈치를 단단히 고정시키고 팔을 천장 쪽을 향해 위로 쭉 뻗는다.
· 팔을 아래로 내리고 손가락의 깍지를 바꾼다. 팔을 다시 들어올리고 위의 동작을 되풀이한다.
· 다리를 바꾸어 교차시키고 손가락 깍지를 교대로 바꾸어 위의 동작을 되풀이한다.
· 팔과 다리를 풀고 단다아사나 자세로 돌아간다.

> 다리를 교차시키는 것에 대응하여 몸통을 들어올리는 법을 배운다.

> 주의 : 교차시킨 다리를 바꾸어야 하는데, 먼저 오른쪽 다리를 굽히고 왼쪽 다리를 오른쪽
> 다리 아래에 놓는다. 나중에 왼쪽 다리를 굽히고 오른쪽 다리를 왼쪽 다리 아래에 놓는다.

36. 비라아사나 Vīrāsana

· 담요 위에 무릎을 꿇고 앉는다. 이때 두 넓적다리를 평행하게 하고 무릎은 모은다.
· 두 정강이뼈가 서로 벌어지게 하고 발가락은 똑바로 뒤를 향하게 한다.
· 엉덩이를 낮추어 두 발 사이에 앉는다(엉덩이가 바닥에 닿지 않을 경우 담요 위에 앉는다.).
· 몸통을 똑바르게 하고 가슴을 들어올리며 머리는 곧게 세운다.
· 팔을 앞으로 뻗어서 손바닥을 무릎 위에 놓는다.

> 고정되어 움직일 수 없다고 여겨질 때가 많은 척추의 꼬리뼈 부위와 천골을 들어올리는
> 법을 배운다.

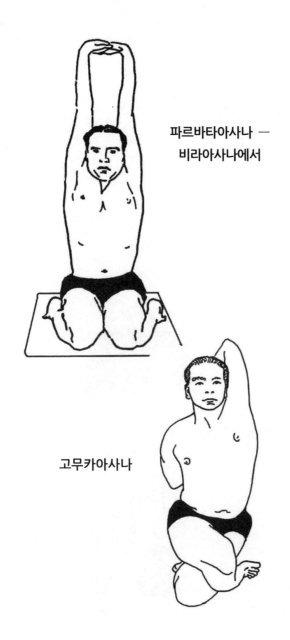

파르바타아사나 —
비라아사나에서

고무카아사나

주의 : 많은 사람들이 다리의 관절 문제 때문에 비라아사나 자세로 앉는 것이 힘들다고 여긴다. 그러므로 담요나 베개, 큰베개 등의 도움을 받아 여러 가지 앉는 방법들을 활용한다.

37. 파르바타아사나 Parvatāsana — 비라아사나에서

· 비라아사나 자세로 앉는다. — 위를 참조한다.
· 몸 앞에서 두 손을 깍지 끼고 손을 돌려서 손바닥이 몸에서 멀어져 바깥을 향하게 한다.
  (제1부 참조)
· 팔꿈치를 곧게 펴고 팔을 머리 위로 쭉 뻗는다. 위팔은 귀와 나란하게, 손바닥은 천장을 향하게 한다.
· 팔을 아래로 내린 다음, 손가락의 깍지를 바꾸어 끼고 위에서처럼 되풀이한다.
· 다리를 풀고 단다아사나로 돌아간다.

겨드랑이 쪽 가슴을 펴고 허리가 너무 오목해지지 않게 하면서 견갑골을 안으로 넣는다.

주의 : 손가락을 깍지 끼는 것 때문에 가슴이 좁혀질 경우 손의 자세를 우르드바 하스타 아사나에서와 같게 한다.

38. 고무카아사나 Gomukhāsana

· 단다아사나 자세로 앉아서 엉덩이를 들어올리고 왼쪽 무릎을 굽힌다. 왼발을 오른쪽 엉덩이 아래에 놓고 발가락은 뒤를 향하게 하여 이 발 위에 앉는다.
· 오른쪽 무릎을 굽히고 오른쪽 넓적다리가 왼쪽 넓적다리 위에 가게 한다. 발은 뒤로 보내 왼발 옆에 놓고 발가락이 뒤쪽을 향하게 한다.
· 몸통을 똑바로 세운다.
· 오른팔을 등 뒤로 가져가서 팔꿈치를 굽혀 견갑골 사이에 팔을 고정시킨다.
· 왼팔을 머리 위로 올리고 팔꿈치를 굽혀서 왼손을 목덜미 뒤로 가져와 오른손을 잡는다.

· 머리와 목을 곧게 세운 상태를 유지한다.
· 팔과 다리를 풀고 다시 단다아사나 자세로 앉는다. 이제 오른쪽 다리로 시작하여 오른팔을 위로 올린다.

> 다리를 알맞게 교차시키고 다리 자세를 단단하게 하는 법을 배운다.

> 주의 :
> 1) 기억을 도와주는 실마리 — 왼쪽 다리가 아래에 있을 경우 왼팔이 위로 가고, 오른쪽 다리가 아래에 있을 경우 오른팔이 위로 간다.
> 2) 이 아사나에서의 앉는 자세를 단순하게 변형시켜 행할 수 있는데, 넓적다리를 서로 교차시켜서 한쪽 무릎이 다른 쪽 무릎의 위에 있게 하고 두 발을 엉덩이 옆에 두면 된다.

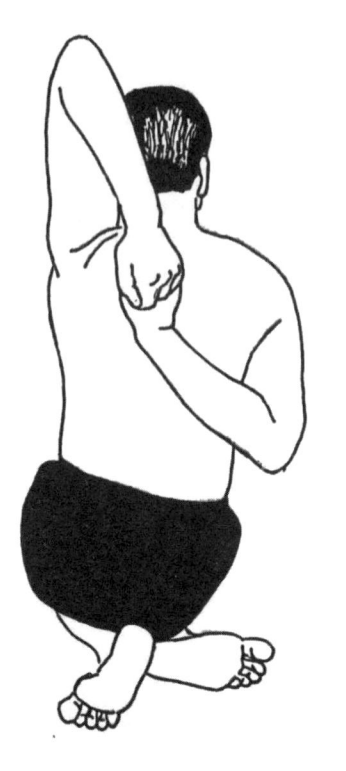

고무카아사나

서는 방법을 알고 난 후에는 앉는 방법을 알아야 한다. 사마스티티가 서서 하는 아사나의 기본 아사나이듯, 단다아사나는 앉아서 하는 아사나의 기본이 되는 아사나이다. 이 아사나에서는 다리에 체중이 전혀 실리지 않으므로 우리는 적절한 방법으로 다리를 뻗는 법을 배우게 된다. 이것은 무릎이나 발목에 문제가 있는 사람들에게 도움을 준다. 다리를 몸 앞으로 곧게 펴고 있는 동안 우리는 무릎을 살펴볼 좋은 기회를 갖게 된다. 어느 무릎이 안쪽으로 휘어진 채로 굳어져 있고 어느 무릎이 불룩하게 나왔는지, 또 어느 무릎이 바깥쪽으로 돌아갔고 어느 무릎이 안쪽으로 돌아갔는지 명확하게 볼 수 있다. 이 모든 결함들을 관찰하면서 우리는 다리 전체를 조정하여 정렬하는 법을 배울 수 있다.

수련생은 척추의 양쪽 측면을 들어올리는 법을 배운다. 단다아사나는 척추의 양쪽 측면을 균일하게 뻗게 하면서 정렬 상태를 유지하게 한다. 그리고 척추에 정확한 버팀대 역할을 부여함으로써 척추를 굳건하고 곧게 만들어 우리가 정확히 엉덩이뼈의 돌출부를 깔고 앉을 수 있게 한다. 단다아사나는 미골, 천골, 요추, 흉추, 경추와 같은 척추의 여러 부위에서 척추가 내려앉는 현상을 알아차리게 한다. 그럭저럭 앉는 자세를 취할 수 있는 한 우리는 이러한 내려앉는 현상이 진행되는 것에 주의를 기울이지 않는다. 그러나 파탄잘리와 크리쉬나Kṛṣṇa는 명상을 할 때 몸통을 내려앉게 한 상태로 앉아 있는 것을 허용하지 않는다. 크리쉬나 신은 바가바드 기타Bhagvad Gītā에서 이렇게 말했다.

"몸과 머리, 목을 바르게 세우고 확고부동한 상태에 있게 하라."

그러므로 요가 수행자들에게는 결점을 알고 그것을 바로잡는 것이 중요하다. 일반적으로 우리는 엉덩이의 살 위에 앉는데, 이때 몸은 살을 깔고 주저앉게 된다. 단다아사나에서는 엉덩이뼈를 안으로부터 찾아내어 그 부위에서부터 조심스럽게 몸의 자세를 정하고 중심을 잡는다. 척추의 위치는 이것을 토대로 하여 정해진다. 그리하여 아사나들을 행하는 동안 계속 이어지는 몸 동작의 중심이 잡힌다.

다리의 정렬은 발목과 종아리, 넓적다리가 바르게 자리 잡게 하고, 두 발바닥을 펴고 정강이와 대퇴골을 바닥에 내려놓으며 무릎을 단단하게 조임으로써 얻을 수 있다.

비라아사나, 받다 코나아사나, 고무카아사나, 스바스티카아사나에서는 무릎을 다양한 방향으로 굽혀 인대를 단련시킨다. 걷거나 서 있는 동안에는 체중이 무릎에 계속해서 실리기 때문에 무릎은 더 빨리 손상된다. 심지어 의자에 앉아 있을 때에도 체중이 다리에 실리지 않음에도 불구하고 제한된 혈액순환과 중력의 작용 때문에 무릎은 약해지고 쇠퇴하게 된다. 이 아사나들은 관절의 운동성을 유지시킬 뿐 아니라 관절에 축적된 젖산을 제거하고 피로를 없애 준다.

비라아사나, 우파비스타 코나아사나, 받다 코나아사나에서 무릎에 가해지는 작용은 통풍, 류머티즘 통증, 평발, 발뒤꿈치뼈의 돌기, 하지 정맥류와 같은 질환에 있어 통증을 완화시킨다. 이러한 다양한 무릎 운동으로 유연성을 기르고 통증을 경감시킬 수 있다. 중년층의 경우 다리에 경련이 일어날 때가 많다. 고무카아사나와 비라아사나를 수련하면 이것을 치료할 수 있다. 받다 코나아사나는 비뇨기 질환, 신장염, 전립선 비대, 고환의 무지근한 느낌, 좌골 신경통을 앓는 사람들에게 이롭다. 받다 코나아사나와 우파비스타 코나아사나는 골반의 기관들을 건강하게 하여 생리 기간 중 불규칙적이고 과도한 출혈을 억제하고 난소를 활성화시킨다. 고무카아사나를 제외한 이 모든 아사나들은 임산부에게 건강한 임신과 순산을 위해 적합하다. 특히 식사 후에 구토를 하거나 메스꺼움이나 나른함을 느끼는 사람들은 누구라도 식사를 한 뒤 바로 이 아사나들을 행함으로써 도움을 받을 수 있다.

파르바타아사나와 고무카아사나의 팔 동작은 팔과 어깨 관절을 부드럽게 할 뿐 아니라 가슴 근육을 발달시킨다. 그러므로 천식이나 관절염, 류머티즘을 앓고 있는 사람들에게 팔 동작을 강조하는 것이다. 파르바타아사나에서 우리는 중력에 반하여 척추를 위로 들어올리는 것을 배운다. 이는 척추의 노화를 늦춘다. 또한 흉부와 골반부를 뻗게 되는데, 이 뻗는 동작은 대부분의 앉은 자세에서 수행할 수 있다.

비라아사나, 받다 코나아사나, 스바스티카아사나는 프라나야마를 수행할 때 도움을 준다. 앉아서 하는 이 모든 아사나들은 서서 하는 아사나의 격렬함을 상쇄시켜 균형을 이루게 한다.

앉아서 하는 아사나 다음으로 척추를 앞으로 뻗는 동작, 즉 파스치마 프라타나 스티티로 넘어가기로 한다.

단다아사나

우르드바 하스타 단다아사나

제 3 장

앞으로 뻗기

올바르게 앉는 방법과 무릎의 다양한 움직임을 알면 앞으로 뻗기는 더 쉬워진다. 단다아사나는 앉기와 앞으로 뻗기에 있어 기본이 되는 자세이다. 이 강의안에 포함된 모든 앞으로 뻗는 동작은 단다아사나에서 시작하여 단다아사나에서 끝난다. 무릎의 다양한 움직임과 더불어 다리의 다양한 자세는 척추 근육을 앞으로 쭉 뻗을 수 있게 하면서 근육이 자연스럽게 당겨지게 한다. 앞으로 뻗는 모든 동작은 척추를 오목하게 하고 복부 근육을 부드럽게 움직이면서 행해진다. 복부는 압박되기보다는 신장되는 것이다. 척추를 고르게 뻗기 위해서는 파스치모타나아사나로 앞으로 뻗기를 시작한다.

제 8 부

39. 파스치모타나아사나 Paśchimōttānāsana

· 단다아사나, 우르드바 하스타 단다아사나, 파당구쉬타 단다아사나에 대한 지시를 따른다.
  (제7부의 28, 29, 30번 참조)
· 가슴을 들어올리고 등을 오목하게 한다(단다아사나에서와 같음).
· 숨을 내쉬며 몸통을 앞으로 쭉 뻗고 몸통의 측면을 더 늘이기 위해 팔꿈치를 위로, 또 옆으로 굽힌다.

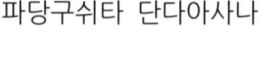

파당구쉬타 단다아사나

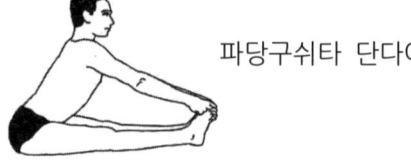

파스치모타나아사나

엄지발가락에 손 닿기

양 발바닥 측면에
손 닿기

발뒤꿈치에 손 닿기

손가락으로 발 주위를
에워싸서 손 맞잡기

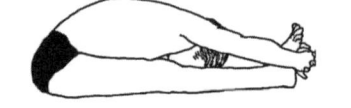

· 턱을 정강이뼈 쪽으로 가져간다.
· 이 자세로 머문다.
· 몸을 일으키기 위해 가슴을 들어올리고 파당구쉬타 단다아사나로 돌아온 다음, 다시 단다아사나로
  돌아온다.

> 이 모든 앞으로 뻗기 자세에서 목 근육을 부드럽게 하고 머리에 힘을 빼는 법을 배운다.
> 가슴이 오목하게 들어가게 해서는 안 된다. 더 많이 굽히기 위해 몸통 측면을 쭉 뻗는다.

> 주의 : 처음에는 엄지발가락에, 그 다음에는 양 발바닥의 측면에, 또 그 다음에는 발뒤꿈치에
> 손이 닿게 한다. 나중에는 손가락으로 발 주위를 에워싸서 손을 맞잡고 잡은 손바닥을 뒤
> 집는다.

40. 자누 시르사아사나 Jānu Śirṣāsana

a) 우티타 자누 시르사아사나
b) 우르드바 하스타 자누 시르사아사나
c) 우르드바 무카 자누 시르사아사나 ― 등을 오목하게 하여
d) 자누 시르사아사나

a) 우티타 자누 시르사아사나
· 단다아사나에서 오른쪽 무릎을 굽혀 바깥을 향하게 하면서 오른쪽 뒤로 가져간다.
· 오른발 엄지발가락이 왼쪽 넓적다리 안쪽에 닿게 오른발을 놓는다.
· 왼쪽 다리를 곧게 펴고 발가락은 천장을 향하게 한다.

> 두 다리가 서로 다른 자세로 있을지라도 체중을 양쪽 엉덩이에 고르게 분산시키는 법을
> 배운다.

우티타 자누 시르사아사나

우르드바 하스타
자누 시르사아사나

우르드바 무카 자누 시르사아사나
— 등을 오목하게 하여 —

b) 우르드바 하스타 자누 시르사아사나
· 숨을 들이마시며 두 팔을 귀와 나란하게 하여 위로 뻗고 견갑골을 안으로 말아 넣는다.
· 골반 양쪽을 나란하게 유지한다.

몸통 양 측면을 고르게 뻗는 법을 배운다.
굽힌 다리 쪽의 몸통을 특히 힘을 써서 들어올린다.

c) 우르드바 무카 자누 시르사아사나 — 등을 오목하게 하여
· 숨을 내쉬며 몸통 양 측면을 앞으로 쭉 뻗고 왼발 엄지발가락을 잡는다(수련이 진전됨에 따라 뻗어 있는 발을 넘어서 손목을 잡을 수 있게 된다).
· 머리를 위로 들고 척추를 들어올린다. 등을 오목하게 한다.

흉추를 오목하게 만듦으로써 허리 부분의 몸통을 뻗는 법을 배운다.

자누 시르사아사나

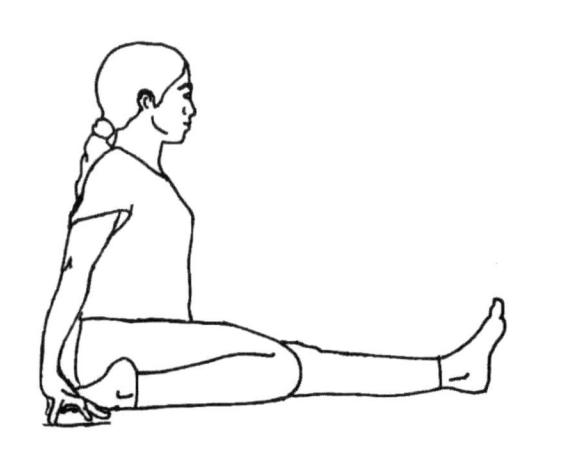

우티타 트리앙가 무카이카파다
파스치모타나아사나

d) 자누 시르사아사나

· 위의 자세에서 숨을 내쉬며 팔꿈치를 밖을 향해 옆으로 넓히고 몸통을 앞으로 더 멀리 뻗는다.

· 이마를 왼쪽 정강이뼈 위에 내려놓는다.

· 숨을 들이마시며 손을 푼다. 가슴을 들어올리고 몸을 일으켜 앉기 자세인 우티타 자누 시르사아사나 자세로 돌아온 다음, 오른쪽 다리를 풀고 단다아사나 자세로 앉는다.

· 다른 쪽도 되풀이한다.

> 등을 오목하게 하고, 등이 둥근 돔 형태가 되지 않게 하면서 몸을 앞으로 굽혀 균일하게 뻗는 법을 배운다.

> 주의 : 뻗은 다리 위로 머리를 내렸을 때 반대쪽의 몸통을 더 많이 뻗어야 한다.

41. 트리앙가 무카이카파다 파스치모타나아사나 Triaṅga Mukhaikapāda Paśchimōttānāsana

a) 우티타 트리앙가 무카이카파다 파스치모타나아사나

b) 우르드바 하스타 트리앙가 무카이카파다 파스치모타나아사나

c) 우르드바 무카 트리앙가 무카이카파다 파스치모타나아사나 ― 등을 오목하게 하여

d) 트리앙가 무카이카파다 파스치모타나아사나

a) 우티타 트리앙가 무카이카파다 파스치모타나아사나

· 단다아사나 자세에서 오른쪽 다리를 굽혀 오른쪽 엉덩이를 따라 옆에 놓고 발바닥은 위를 보게 한다. 이는 한쪽으로만 실시한 비라아사나에서의 넓적다리와 정강이, 발의 자세와 비슷하다. (발 위에 앉으면 안 된다.)

· 두 넓적다리가 서로 평행해야 한다.

· 왼쪽 다리는 바닥을 따라 곧게 쭉 뻗는다.

· 손바닥을 양쪽 엉덩이 옆에 둔다.

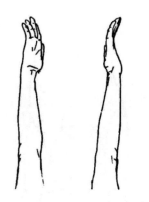

우르드바 하스타

트리앙가 무카이카파다 파스치모타나아사나

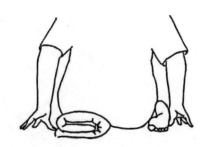

엉덩이 아래에 담요 접어 넣기

뻗은 쪽의 다리에 무게를 더 실어 앉게 되므로 굽힌 다리 쪽에 무게를 실어 앉는 법을 배운다.

b) 우르드바 하스타 트리앙가 무카이카파다 파스치모타나아사나
· 숨을 들이마시며 두 팔을 천장을 향해 위로 쭉 뻗는다.

c) 우르드바 무카 트리앙가 무카이카파다 파스치모타나아사나 ― 등을 오목하게 하여
· 숨을 내쉬며 몸통을 앞으로 쭉 뻗고 두 손으로 왼발을 꽉 잡거나 발을 넘어서 손목을 잡는다.
· 숨을 들이마시며 가슴 양 측면을 위로 들어올린다. 허리를 길게 늘이고 위를 바라본다.

양쪽에 고르게 힘이 작용하도록 균형을 맞추는 법을 배운다.

d) 트리앙가 무카이카파다 파스치모타나아사나
· 숨을 내쉬며 몸통을 앞으로 기울여 복부와 가슴, 턱을 왼쪽 다리를 따라 내려놓는다.
· 숨을 들이마시며 머리와 가슴을 들어올려 몸을 일으킨다.
· 오른쪽 다리를 풀고 단다아사나 자세로 앉는다.
· 반대쪽으로도 되풀이한다.

몸통이 중심에 오게 하는 법을 배워 기울어지는 것을 막는다.

주의 : 엉덩이가 기울어질 경우, 뻗은 쪽 다리의 엉덩이 아래에 담요를 접어 넣어 다른 쪽 엉덩이와 높이를 맞춘다.

우티타 마리챠아사나

우르드바 하스타

42. 마리챠아사나 Marīchyāsana I

a) 우티타 마리챠아사나
b) 우르드바 하스타 마리챠아사나
c) 우르드바 무카 마리챠아사나
d) 아도 무카 마리챠아사나
e) 마리챠아사나

a) 우티타 마리챠아사나

· 단다아사나 자세에서 오른쪽 무릎을 굽혀서 무릎이 천장 쪽을 향하게 한다. 오른쪽 발뒤꿈치를 오른쪽 엉덩이와 나란하게 놓고 발가락은 앞을 향하게 한다.
· 팔의 자세는 단다아사나에서와 같게 한다.

> 양쪽 척추 근육에 힘이 고르게 작용하도록 균형을 맞추고 근육이 수평으로 펴지게 하는 법을 배운다.

> 주의 : 이 아사나의 명칭은 서서 비트는 마리챠아사나와 같다.

b) 우르드바 하스타 마리챠아사나

· 숨을 들이마시며 두 팔을 천장 쪽으로 똑바로 뻗는다.

> 굽힌 다리 쪽 사타구니의 오목한 곳을 아래로 내리는 법을 배운다.

c) 우르드바 무카 마리챠아사나

· 숨을 내쉬며 몸통을 오른쪽 넓적다리 안쪽을 따라 앞으로 내린다.
· 오른쪽 넓적다리 안쪽과 몸통 오른쪽이 서로 닿아야 한다.
· 두 손으로 왼발을 꽉 잡는다.
· 숨을 들이마시며 머리를 위로 들어올리고 등을 오목하게 한다.

아도 무카 마리챠아사나

등 뒤에서 잡기

마리챠아사나 I

몸통 양 측면을 고르게 뻗는 법을 배운다.

d) 아도 무카 마리챠아사나

· 숨을 내쉬며 복부를 왼쪽 넓적다리 위로 뻗는다. 머리를 정강이 쪽으로 가져가서 정강이 위에 이마를 내려놓는다.

· 오른쪽 무릎이 바깥쪽으로 기울지 않게 한다.

· 숨을 들이마시며 발을 풀고 가슴을 들어올려 몸을 일으킨다.

· 연속되는 a), b), c), d)의 단계를 따라 반대쪽도 되풀이한다.

e) 마리챠아사나 I

　이 아사나는 고전적인 아사나에 속한다.

· 위에서처럼 따라한다.

· 왼발을 잡는 대신에 오른팔로 오른쪽 정강이뼈와 넓적다리를 감싸면서 오른팔이 뒤로 가게 한다.

· 어깨를 왼쪽으로 약간 돌리면서 왼팔을 등 뒤로 돌려 오른손을 잡는다.

· 몸통 전체를 앞으로 향하게 돌린다.

· 숨을 내쉬며 등을 오목하게 하고 턱을 왼쪽 정강이 쪽으로 가져가서 이마를 내려놓는다.

· 반대쪽도 되풀이한다.

몸을 앞으로 굽히고 있는 동안 감고 있는 팔을 단단히 잡는 법을 배운다. 잡는 힘이 느슨해지지 않게 하며 굽힌 다리가 바깥쪽으로 기울어지지 않게 한다.

우파비스타 코나아사나

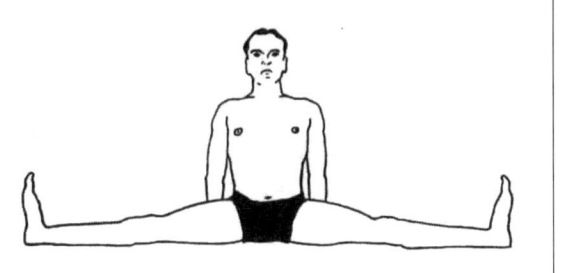

단다아사나에서 우파비스타 코나아사나로

파당구쉬타 우파비스타 코나아사나

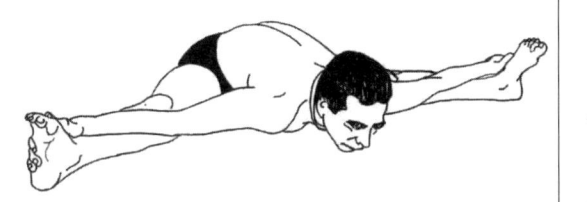

아도 무카 우파비스타 코나아사나

43. 우파비스타 코나아사나 Upaviṣṭha Koṇāsana

a) 우파비스타 코나아사나
· 단다아사나 자세에서 우파비스타 코나아사나 자세로 간다.

b) 우르드바 하스타 우파비스타 코나아사나
· 다리를 쭉 뻗은 채로 척추를 들어올리고 두 팔을 머리 위로 들어올린다. 이때 위팔이 귀와 나란해야 한다.

> 정확히 엉덩이뼈 위에 앉는 법을 배운다.

c) 파당구쉬타 우파비스타 코나아사나
· 58쪽, 제7부에 나오는 방법 참조

d) 아도 무카 우파비스타 코나아사나
· 숨을 내쉬며 몸통을 길게 늘이고 머리를 아래로 내린다.
· 숨을 들이마시며 머리와 가슴, 몸통을 들어올려 몸을 일으킨 다음, 다리를 모아서 단다아사나 자세로 돌아간다.

> 주의 : 수련을 통해 두 발 사이의 거리를 넓힐 수 있다. 발가락을 잡고 몸을 앞으로 굽히는 것이 힘들 경우 팔을 앞으로 뻗고 몸을 아래로 내린다.

무릎을 원활하게 잘 굽힐 수 있도록 다양한 자세로 따로따로 무릎을 굽히는 수련을 할 수 있다.

앉아서 하는 아사나를 수행할 때 무릎이 충분히 유연해지면 척추를 앞으로 뻗는 단계로 나아갈 때가 된 것이다.

앞으로 굽히기는 파르스보타나아사나, 우타나아사나, 프라사리타 파다 우타나아사나, 파당구쉬타아사나, 아도 무카 스바나아사나의 수련에 중점을 둠으로써 향상될 수 있다. 앞으로 뻗기는 앞으로 뻗는 각 아사나를 파스치모타나아사나와 번갈아 행하면 더 향상될 수 있다.

앞으로 뻗는 모든 아사나의 우티타, 우르드바 하스타, 우르드바 무카 단계는 따로따로 수련할 수 있고, 그로 인해 움직임과 동작을 제대로 분석하고 조화시킬 수 있게 된다. 이 단계들을 수련함으로써 수련생들은 신체의 양쪽을 느끼면서 어느 쪽이 활성화되어 있고 어느 쪽이 둔한지, 어느 쪽이 더 뻣뻣하고 어느 쪽이 더 유연한지, 어느 쪽 근육이 수축되어 짧아졌고 어느 쪽 근육이 길어지고 늘여졌는지를 알 수 있게 된다. 우리는 이런 비교를 할 수 있는 감수성과 이해력을 기른다.

이 아사나들은 기본적으로 뇌와 심장을 평온한 상태로 만들어 주며, 신경을 진정시키고 마음을 고요히 가라앉혀 내면의 동요를 멈추게 한다. 또한 차분한 느낌을 갖게 하여 뇌를 진정시키는 동시에 소화계를 자극하고 복부 기관들을 조율하여 이 기관들이 무기력해지지 않게 한다. 위산 과다, 헛배부름, 구토 및 기타 소화기 문제로 고생하는 사람들은 이 아사나들을 규칙적으로 수련하는 것이 중요하다. 이런 상황에서는 앞으로 뻗는 각 아사나의 최종 자세가 유익하다.

등을 오목하게 하는 동작을 할 때 척추는 길게 늘여지고 둔감함이 사라진다. 요통을 앓고 있는 사람들은 앞으로 굽히기를 하는 동안 통증이 완화되는 것을 알게 된다. 등을 오목하게 하는 이 모든 동작은 경련이 일어나거나 하복부 통증이 있는 사람들, 혹은 생리 출혈과다증이 있는 사람들의 증상을 완화시켜 준다.

이 아사나들은 골반부의 혈액 순환을 좋게 하며 부신, 생식선, 난소가 건강하게 기능하도록 도와준다.

여성들은 생리 관련 질환에서 벗어나고 정상적인 생리를 할 수 있도록 생리 기간 중에 이 아사나들을 모두 수행해도 좋다.

고혈압이나 긴장 항진증, 불안, 급한 성미, 초조, 불면증, 두통, 편두통, 근시, 녹내장, 빈혈, 피로, 허약함, 미열로 고생하는 사람들은 이 아사나들의 최종 자세를 수련하면 도움을 얻을 것이다.

원하는 효과를 얻기 위해서는 다음과 같은 방법을 취해야 한다. 이 모든 아사나들을 수행할 때 손가락이나 손바닥이 발에 닿지 않는다면 발 주위에 끈을 둘러서 잡는다. 머리가 다리에 닿지 않으면 접은 담요나 큰베개 또는 베개를 놓고 머리나 이마를 그 위에 내려놓는다. 수련생이 유연할 경우에도 위에서 말한 모든 문제들을 해결하기 위해서는 높이를 돋운 받침 도구 위에 머리를 내려놓아야 한다.

앞으로 뻗기는 간과 비장, 췌장을 조율하고 신장을 활성화시킨다. 자누 시르사아사나와 우파비스타 코나아사나는 전립선 비대를 억제한다. 트리앙가 무카이카파다 파스치모타나아사나는 발의 아치가 내려앉았거나 평발인 사람, 발목이 삐거나 뻣뻣한 사람, 무릎이 굳고 다리에 부종이 있는 사람들에게 도움이 된다. 마리챠아사나는 팔을 뒤로 돌려 휘감을 때 어깨와 겨드랑이에 작용을 가한다. 파스치모타나아사나는 심장을 마사지하며 마음에 휴식을 주고 상쾌하게 만든다. 또 격렬한 활동에서 오는 긴장을 없애 주며 인내심을 기르게 한다.

우리의 강의안에 따르면 파스치모타나아사나는 양쪽의 척추 근육을 균형 있게 늘이기 위해 앞으로 뻗는 다른 동작들보다 먼저 배워야 한다. 이것은 앞으로 뻗는 동작들 중 고급 단계에 속하는 격렬한 아사나이므로 앞으로 뻗기 동작을 마무리하는 아사나로도 행해진다. 척추를 고르게 뻗는 것은 자누 시르사아사나와 같은 여러 가지 다른 '한쪽' 뻗기 자세를 한 후에 이루어진다. 이 아사나에서 뇌와 심장은 평온한 상태로 되며 신경이 진정된다.

바라드바자아사나 Ⅰ
잡지 않고 하기

제 4 장

측면 늘이기

이 부분에서는 일반적으로 척추 비틀기라고 불리는 측면 늘이기를 다룬다. 이러한 종류의 척추 돌리기는 파리브리타 동작이라 불리며 이 범주의 아사나들은 파리브리타 스티티로 알려져 있다. 파리브리타(회전)의 기본 동작은 파리브리타 트리코나아사나와 파리브리타 파르스보코나아사나에서 먼저 배운다. 그러나 다음의 비틀기 동작들은 초보자들이 측면 늘이기를 쉽게 배울 수 있도록 선정되었다.

제 9 부

44. 바라드바자아사나 Bharadvājāsana Ⅰ

a) 잡지 않고 하기
b) 잡고 하기

a) 잡지 않고 하기
· 단다아사나 자세로 앉아서 두 다리를 굽혀 두 발을 몸의 왼쪽에 놓는다. 이때 왼쪽 발목이 오른발 위에 있어야 한다.

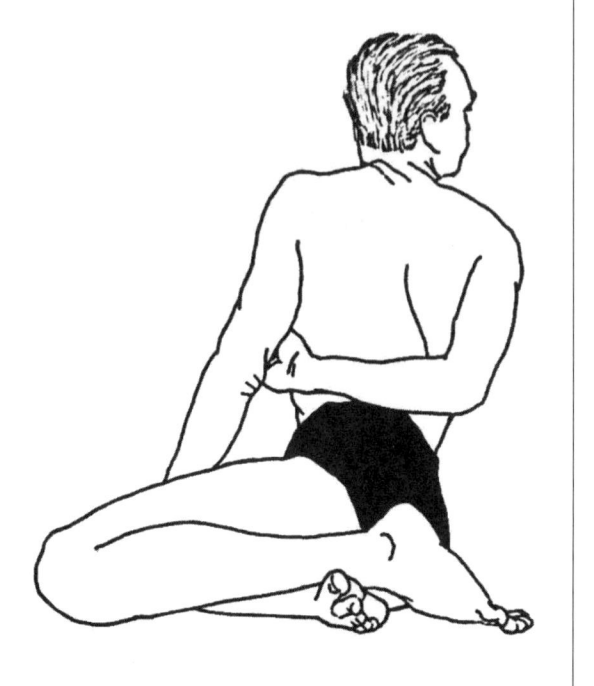

바라드바자아사나 I — 잡고 하기

· 왼쪽 손바닥을 오른쪽 넓적다리 바깥쪽에 놓고 오른쪽 손가락 끝은 왼쪽 엉덩이 뒤의 바닥 위에 놓는다.
· 숨을 들이마시며 몸통과 가슴을 들어올린 다음, 숨을 내쉬며 오른쪽으로 몸을 돌린다.
· 흉골을 들어올린 상태를 유지하고 왼쪽 견갑골을 등 안쪽으로 움직여서 왼쪽 가슴 아래에서 들어 올린다.
· 숨을 내쉬며 가운데로 돌아온다. 다리를 풀고 왼쪽도 되풀이한다.

b) 잡고 하기
· 다시 무릎을 왼쪽으로 굽히고(윗글 참조) 왼쪽 손바닥은 오른쪽 넓적다리 바깥쪽, 무릎 가까이에 둔다.
· 숨을 내쉬며 팔꿈치를 굽힌 채 오른팔을 등 뒤로 보내어 왼팔 팔꿈치 위쪽을 뒤에서 잡는다.
· 몸통을 들어올리고 몸을 돌려 오른쪽을 향하게 한다.
· 숨을 내쉬며 팔을 풀고 몸을 앞으로 돌린 다음 다리를 풀어 단다아사나 자세로 돌아온다.
· 반대쪽도 되풀이한다.

손으로 잡기 전에 척추를 옆으로 돌리는 법을 배운다. 몸을 돌리는 방향은 언제나 다리를 놓는 쪽과 반대라는 사실에 주의한다.

주의 : 다른 방식으로 배우려면 오른쪽 손바닥으로 왼쪽 위팔을 잡은 후에 오른쪽 넓적 다리 바깥쪽에 왼쪽 손바닥을 두고, 반대쪽에서 행할 때는 이와 반대로 하면 된다. 오른 쪽으로 돌릴 때 양쪽 엉덩이의 높이가 고르지 않다고 여겨지면 오른쪽 엉덩이 아래에 담요를 접어서 받친다. 왼쪽으로 돌릴 때는 왼쪽 엉덩이 아래에 담요를 놓는다.

바라드바자아사나 Ⅱ
잡지 않고 하기

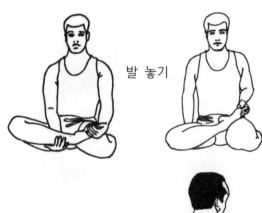

발 놓기

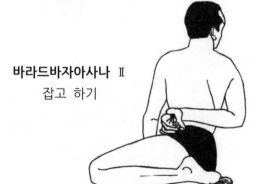

바라드바자아사나 Ⅱ
잡고 하기

45. 바라드바자아사나 Bharadvājāsana Ⅱ

a) 잡지 않고 하기

b) 잡고 하기

> 주의 : 여기에서 다리의 자세는 비라아사나와 파드마아사나를 결합한 것이다.

a) 잡지 않고 하기

· 단다아사나 자세에서 왼쪽 다리를 굽혀서 비라아사나 자세가 되게 한다.

· 오른발의 아래쪽을 잡고 오른쪽 무릎을 오른쪽 바깥으로 굽혀서 다리의 자세를 파드마아사나에서와 같게 한다. 오른발을 왼쪽 넓적다리 제일 윗부분에 놓아서 발뒤꿈치가 복부 가까이에 오게 한다.

· 왼손은 오른쪽 넓적다리 바깥쪽으로 가져가고, 오른손은 왼쪽 엉덩이 뒤의 바닥에 놓는다. 숨을 내쉬며 몸을 오른쪽으로 돌린다.

· 가운데로 돌아와서 다리와 팔을 풀고 다리를 단다아사나 자세로 뻗는다.

· 반대쪽도 되풀이한다.

> 척추를 옆으로 돌리기 전에 두 다리의 자세를 각각 유지시키는 법을 배운다. 파드마아사나 자세를 한 발이 미끄러져서는 안 된다.

b) 잡고 하기

· 위의 a)처럼 이번에는 오른손을 등 뒤로 돌려서 뒤에서 오른발 발가락을 잡는다.

· 왼손을 오른쪽 넓적다리 바깥쪽으로 가져간다.

· 몸통을 들어올린 채로 숨을 내쉬며 오른쪽으로 몸을 돌린다.

· 견갑골을 안으로 밀어 넣은 상태로 양쪽 가슴을 똑같이 오른쪽으로 향하게 한다.

· 숨을 내쉬며 앞으로 돌아온다. 두 다리를 풀고 단다아사나 자세로 앉는다.

· 반대쪽도 되풀이한다.

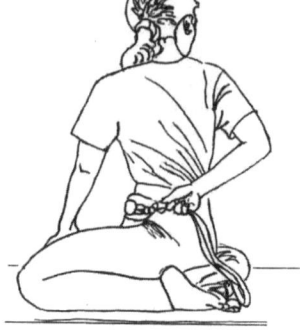

잡기 위해
발에 끈 걸기

척추가 뒤쪽으로 기울어지지 않게 하면서 척추 관절을 정렬하는 법을 배운다. 등을 두르고 있는 손에 의해 몸통이 똑바른 자세를 취하고 있는지 알아야 한다.

주의 : 몸을 옆으로 돌릴 때 먼저 척추를 들어올린 다음에 복부와 가슴을 돌리며 마지막으로 머리를 돌린다. 최종 자세에서 팔의 도움을 받아 견갑골을 등 안쪽으로 집어넣는 동작은 몸을 돌리는 데 도움이 될 것이다. 손가락이 발가락에 닿지 않을 경우 발의 앞부분 둘레에 끈이나 수건을 두르고 이것을 잡는다.

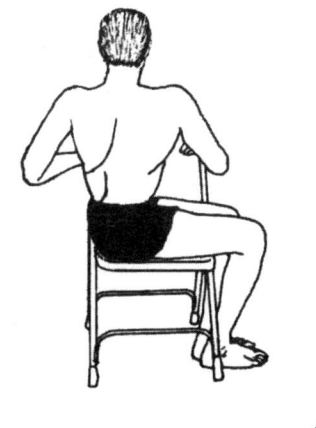

의자 위에서 하는
바라드바자아사나

46. 바라드바자아사나 Bharadvājāsana — 의자 위에서

· 오른쪽 어깨를 의자 등받이 가까이로 가게 하여 의자 위에 옆으로 앉는다.
· 두 넓적다리와 발을 약간 벌린 채로 평행하게 한다.
· 몸을 곧게 세우고 앉아서 앞을 똑바로 바라본다.
· 숨을 들이마시며 몸통을 들어올리면서 가슴을 오른쪽으로 돌린다.
· 의자의 등받이를 잡는다.
· 몸통을 들어올린 상태에서 견갑골을 등 안쪽으로 집어넣고 어깨뼈를 뒤로 돌린다.
· 흉골을 들어올리고 척추를 견갑골 사이로 밀어 넣는다.
· 숨을 내쉬며 머리를 돌려 오른쪽 어깨 너머를 바라본다.
· 숨을 내쉬며 손을 풀고 몸을 돌려 앞을 본다.
· 왼쪽 어깨가 의자 등받이 가까이로 가게 하여 반대 방향을 보고 의자 위에 앉는다.

천골이 잘 움직일 수 있게 하고 가슴을 의자 등받이와 평행하게 정렬시키는 법을 배운다.

제8부에서의 앞으로 뻗는 자세들 다음으로 척추를 옆으로 신장시키는 자세를 할 차례이다. 척추를 자유롭게 돌리기 위해서는 파리브리타 트리코나아사나와 파리브리타 파르스바코나아사나의 수련에 중점을 두어야 한다. 이것은 이 아사나들에서의 측면 회전을 위한 기초 작업으로 간주될 수 있다. 척추가 점점 더 유연해짐에 따라 해부학적인 움직임이 점진적으로 도입된다.

바라드바자아사나 I은 척추 옆면을 돌리는 아사나의 기본이 되는 아사나이다. 이는 복부를 압박하지 않고 척추를 신장시키고 돌리는 단순한 아사나이다. 그러므로 생리 중인 여성이나 임산부들도 이 아사나를 할 수 있다. 특히 허리의 통증이나 묵직함을 없애기 위해서는 바라드바자아사나 I의 a)가 좋다. 임신 후기 단계에서 여성들은 의자 위에서 하는 변형 동작으로도 동일한 효과를 얻을 수 있게 될 것이다. 바라드바자아사나 I과 II는 몸통의 측면을 신장시켜 주는데, 특히 흉추와 요추 부위에서 그러하다.

근육이 약하거나 돌출된 디스크 때문에 요통이 있는 사람들은 증상이 크게 완화된다. 팔과 어깨에서 행해지는 동작은 관절염과 류머티즘을 각각의 병증 부위에서 예방하고 치료한다. 바라드바자아사나 I에서는 팔을 뒤에서 잡고, 바라드바자아사나 II에서는 발을 뒤에서 잡는데, 이렇게 함으로써 몸을 돌리면서 손으로 잡는 행위가 통합된다.

여행을 하거나 일을 하고 난 후에 등과 목, 어깨에 경련이 일거나 통증이 있는 사람들에게 이 아사나들이 도움이 될 것이다. '돌리고 비트는 동작'이라고 불리는 측면 늘이기는 모든 사람들에게 중요하다. 노화 과정이 진행되면서 척추와 등의 근육 섬유가 딱딱하고 건조해지기 시작하기 때문이다.

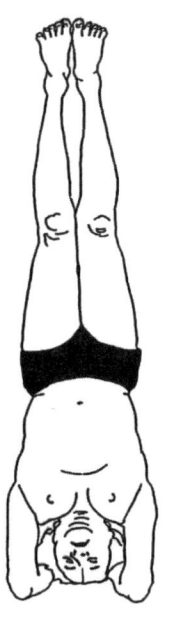

살람바 시르사아사나

제 5 장

거꾸로 하는 아사나

거꾸로 하는 아사나들은 비파리타 스티티로 알려져 있다.

서서 하는 아사나와 측면 늘이기 자세들은 살람바 시르사아사나와 살람바 사르반가아사나와 같은 거꾸로 하는 자세들을 배울 수 있게 신체의 근골격계 구조를 미리 준비시킨다. 서거나 앉아서 앞으로 뻗는 자세들은 잘못된 수련으로 인해 생길 수 있는 고혈압, 두통, 목의 통증, 눈의 긴장, 구토감, 머리의 묵직함, 갑자기 머리로 피가 몰리는 증상, 심리적인 공포와 같은 역효과를 피할 수 있도록 우리의 심신을 미리 단련시켜 준다.

살람바 사르반가아사나와 할라아사나에 대한 준비는 목 근육이나 신경을 전혀 긴장시키지 않고 척추와 신체를 들어올리기 위해 중요하다.

여기에서는 거꾸로 하는 아사나를 다룬다. 처음에는 어깨와 목에 실리는 체중을 견디는 법을 배우기 위해 아르다 할라아사나(반 할라아사나)로 시작하고, 그 이후에 할라아사나로 나아가는 법을 배운다. 할라아사나는 살람바 사르반가아사나를 하기 위한 균형 감각을 길러 준다. 그러므로 아래와 같은 배움의 순서에 유념해야 한다.
1) 아르다 할라아사나, 2) 할라아사나, 3) 에카 파다 사르반가아사나, 4) 살람바 사르반가아사나. 변형 동작들과 함께 살람바 사르반가아사나와 할라아사나를 안정적으로 행할 수 있으면 5) 살람바 시르사아사나를 배우기 시작한다.

깍지 낀 손가락 놓기

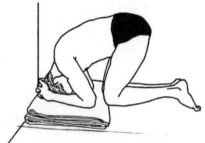

정수리 대기

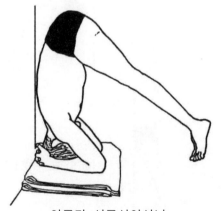

아르다 시르사아사나
어깨와 무릎 들어올리기

배우는 과정 동안에는 먼저 살람바 사르반가아사나를 배우고, 그 다음에 살람바 시르사아사나를 배운다. 그러나 수련할 때에는 순서가 뒤바뀐다. 언제나 살람바 시르사아사나를 먼저 행한 다음 바로 뒤이어 살람바 사르반가아사나를 행한다. 그러나 살람바 사르반가아사나와 그 변형 동작들은 단독으로도 수행할 수 있다.

초보자들의 경우 이 아사나들을 최종 자세가 아닌 중간 단계에서 배우므로 발을 받침대나 선반, 혹은 벽에 대고 행하게 된다.

제 10 부

47. 살람바 시르사아사나 Sālamba Śīrṣāsana
a) 아르다 시르사아사나
b) 우르드바 프라사리타 에카 파다 시르사아사나
c) 살람바 시르사아사나

a) 아르다 시르사아사나
· 접은 담요를 벽에 붙여서 바닥에 놓는다.
· 담요 앞쪽에 무릎을 꿇고 손가락 깍지를 낀다. 이때 손바닥은 오므리지 않는다.
· 엄지손가락은 위로, 새끼손가락은 아래로 향하게 하여 깍지 낀 손가락을 벽에 마주 댄다.
· 아래팔을 밑으로 내리고 두 팔꿈치를 어깨 너비에 맞추어 나란하게 한다.
· 두 손바닥으로 '컵' 모양을 만들고 그 가운데 부분에 정수리를 댄다(스티티).
· 손목을 아래로 누르고 어깨를 들어올리며 무릎을 들어 올려 다리를 곧게 편다.
· 흉추를 벽에 기대지 않고 어깨를 들어올린 상태를 유지한다.
· 무릎을 굽히고 아도 무카 비라아사나 자세로 쉰다.

발뒤꿈치부터 넓적다리까지 다리 근육을 엉덩이 쪽으로 당겨 올릴 뿐 아니라 어깨와 척추도 들어올려서 이 자세를 안정시키는 법을 배운다. 다리는 가벼워지고 척추는 확고해야 한다.

우르드바 프라사리타
에카 파다 시르사아사나

다리 재빨리 올리기

한 번에 한 다리씩
벽에 대기

b) 우르드바 프라사리타 에카 파다 시르사아사나
· 아르다 시르아사나 자세를 취한다.
· 오른발의 발가락을 아래로 내린 상태를 유지한다.
· 숨을 내쉬며 왼쪽 다리를 천장을 향해 공중으로 똑바로 들어올린다.
· 어깨가 내려앉지 않게 한다.
· 팔꿈치가 바깥쪽으로 움직이지 않게 한다.
· 두 무릎을 곧게 유지한다.
· 체중이 오른발의 발가락에 실리지 않게 한다.
· 숨을 내쉬며 왼발을 아래로 내린다.
· 왼발의 발가락을 아래로 내린 상태에서 오른쪽 다리를 들어올린다.
· 아르다 시르사아사나 자세로 돌아온다.
· 몇 초 동안 아도 무카 비라아사나 자세로 쉰다.

두려움에서 벗어나 최종 자세를 할 수 있도록 준비하는 법을 배운다. 체중을 다리에서 몸통으로 옮기는 법을 배운다.

c) 살람바 시르사아사나
· 위의 지시를 따른다.
· 다리를 한 번에 하나씩 위로 재빨리 들어올려서 벽에 댄 다음 곧게 편다.
· 이제 몸 전체가 바닥과 수직을 이룬다.
· 척추는 곧게, 어깨는 들어올린 상태를 유지한다.
· 처음에는 최소한 1분 동안 유지한다. 숨을 고르게 쉬고 앞을 똑바로 바라본다.
· 나중에 아사나 지속 시간을 3~5분까지 늘인다.

· 무릎을 굽혀서 바닥으로 내린다. 무릎이 바닥에 부딪히지 않게 한다.
· 일어서기 전에 몇 초 동안 아도 무카 비라아사나 자세로 쉰다.

그 다음에 다리 곧게 펴기

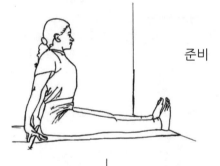

준비

우르드바 단다아사나

> 배를 내밀지 않은 상태로 엉덩이를 벽에서 떨어지게 하고 발뒤꿈치는 벽에 닿게 하여 두 다리를 모으는 법을 배운다.

주의 :

1) 살람바 시르사아사나를 위한 준비 — 발이 벽에 닿게 하여 단다아사나 자세로 앉는다. 엉덩이가 바닥에 닿는 부분을 표시하고 그 선 위에 담요를 놓는다. 얼굴이 벽을 향하게 하여 아르다 시르사아사나를 행한다. 두 발과 다리가 바닥과 평행하게 되도록 벽을 따라 다리를 위로 올린다. 벽에 발을 대고 있더라도 그에 상관없이 척추가 내려앉지 않게 척추를 위로 들어올리는 법을 배운다. 이 자세를 우르드바 단다아사나라고 한다.

2) 다리를 위로 재빨리 차올려서 아사나 자세를 취할 수 없을 경우, 벽에 기대어 우르드바 프라사리타 에카 파다 시르사아사나를 행한다. 한 다리를 위로 올려 벽에 가져가는 동안 이미 들어올린 다른 다리를 벽에 닿도록 올려 달라고 다른 사람에게 부탁한다. 벽에 기대어 자세가 확고하게 자리 잡히면 도움이 필요하지 않다. 다리를 내릴 때에는 한쪽 다리를 바닥에 내리는 동안 다른 쪽 다리를 벽에 대고 있도록 붙잡아 달라고 부탁한다. 다리는 교대로 들어올려야 한다.

3) 때때로 다리를 재빨리 차올리는 동작을 수련하기 위해 시간을 들여야 할 것이다. 다리를 차올리는 길이가 짧으면 다리가 내려오게 된다. 그러므로 높이 차올리는 법을 배워야 한다. 그러나 척추와 어깨가 내려앉게 해서는 안 된다. 목을 다칠 수도 있기 때문이다.

살람바 사르반가아사나

등을 대고 눕는다.

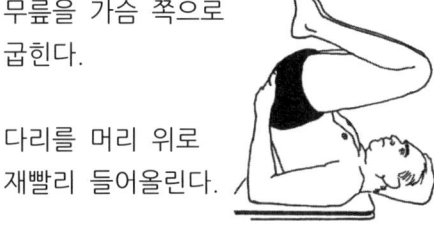

무릎을 가슴 쪽으로
굽힌다.

다리를 머리 위로
재빨리 들어올린다.

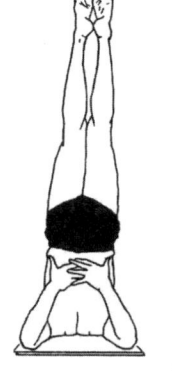

엉덩이를 더 들어올린다.

손바닥으로 등을 받치고
팔꿈치는 바닥에 댄다.

48. 살람바 사르반가아사나 Sālamba Sarvāṅgāsana

· 펼쳐 놓은 담요 위에 등과 어깨를 대고, 머리는 바닥 위에 오게 하여 눕는다.

· 두 팔을 곧게 펴서 옆에 놓는다. 팔꿈치를 펴고 손은 발쪽으로 뻗는다.

· 견갑골을 뒤로 돌려서 아래로 내린다. 어깨는 머리에서 멀리 떨어져 있어야 한다.

· 무릎을 가슴 쪽으로 굽힌다.

· 손을 아래로 누르면서 두 다리를 머리 위로 재빨리 들어올린다.

· 엉덩이와 몸통을 수직으로 들어올리고 가슴이 턱에 닿게 한다.

· 손바닥으로 등을 받치고 위팔을 아래로 누른다.

· 엉덩이를 더 들어올린다.

· 다리를 곧게 편다.

· 숨을 고르게 쉬면서 처음에는 1분 동안 이 자세를 유지한다. 나중에 지속 시간을 3~5분까지 늘린다.

· 숨을 내쉬며 손을 풀고 몸을 서서히 아래로 내린다.

주의 :

1) 사람들은 종종 목의 통증이나 숨 막힘을 호소하는데, 이것은 살람바 사르반가아사나를 행하는 데 있어 두려움을 가지거나, 몸을 제대로 들어올리지 못하기 때문이다. 이러한 경우 담요를 더 준비하여 어깨를 받쳐서 머리가 어깨보다 낮아지게 한다. 그러나 어깨와 위팔, 팔꿈치는 쌓아 놓은 담요 위에서 같은 높이에 있어야 한다.

2) 벽에 기대어 행하는 살람바 사르반가아사나의 준비 — 벽과 아주 가까운 위치에서 등을 대고 누워 다리를 굽힌다. 두 발을 벽에 댄다. 발바닥을 벽에 대고 누른다. 엉덩이와 등을 위로 들어올린다. 벽에 더 가까이 다가간다. 손바닥으로 등을 받치고 몸통을 가능한 한 높이 들어올리는 법을 배운다.

에카 파다 사르반가아사나

49. 에카 파다 사르반가아사나 Eka Pāda Sarvāṅgāsana

a) 할라아사나에서

b) 살람바 사르반가아사나에서

a) 할라아사나에서

· 할라아사나 또는 아르다 할라아사나 자세를 취한다.

· 숨을 내쉬며 오른쪽 다리를 천장을 향해 위로 곧게 뻗는다.

· 등을 몸의 앞면 쪽으로 움직이고 가슴이 안으로 꺼지지 않게 한다.

· 숨을 내쉬며 오른쪽 다리를 내려 할라아사나 또는 아르다 할라아사나 자세로 돌아온다.

· 그 다음에 왼쪽 다리를 위로 들어올린다.

특히 다리를 내리는 쪽의 척추와 몸통을 들어올리는 법을 배운다.

주의 : 거꾸로 하는 자세를 아르다 할라아사나에서부터 배우기 시작할 때는 살람바 사르반 가아사나로 나아가기 전에 a)방법을 배워야 한다.

할라아사나 또는 아르다 할라아사나에서

b) 살람바 사르반가아사나에서

· 손바닥으로 등을 받치고 다리를 곧게 펴서 살람바 사르반가아사나 자세를 취한다.

· 왼쪽 다리를 수직으로 유지한 상태로 숨을 내쉬며 오른쪽 다리를 바닥으로 내린다. 이때 두 다리 모두 곧게 유지해야 한다.

· 숨을 내쉬며 오른쪽 다리를 곧게 편 채로 힘껏 멀리 내린다.

· 왼쪽 다리는 곧게 수직으로 유지한다.

· 처음에는 발가락이 바닥에 닿지 않을 수도 있다. 그런 경우에는 다리를 반만 내리도록 한다.

· 숨을 들이마시며 오른쪽 다리를 다시 들어올려 살람바 사르반가아사나 자세로 돌아온다. 그 다음에 왼쪽 다리를 내린다.

살람바 사르반가아사나에서

에카 파다 사르반가아사나

파르스바이카 파다 사르반가아사나

몸에 주의를 기울이고 뇌를 이완하는 법을 배운다. 머리를 긴장시키지 않고 자세를 행할 수 있어야 한다.

주의 : 발이 바닥에 닿게 하려고 서두르지 않는다. 그 보다는 척추와 다리를 곧게 유지하는 것에 주의를 기울여야 한다. 가슴이 안으로 꺼지지 않게 한다.

50. 파르스바이카 파다 사르반가아사나 Parśvalka Pāda Sarvāṅgāsana

· 왼쪽 다리를 곧게 편 채로 오른쪽 다리를 바깥으로 돌려 발가락이 오른쪽 바깥을 향하게 한다.
· 숨을 내쉬며 오른쪽 다리를 바닥이나 의자 쪽을 향해 옆으로 내린다. 이때 다리가 몸통과 일직선을 이루어야 한다.
· 왼쪽 다리를 수직 상태로 유지한다. 두 다리 모두 곧게 펴야 한다.
· 숨을 들이마시며 오른쪽 다리를 들어올려 살람바 사르반가아사나 자세로 돌아온 다음, 반대쪽도 되풀이한다.

몸통 측면의 길이가 짧아지지 않게 하면서 골반을 수평으로 유지하는 법을 배운다.

51. 아르다 할라아사나 Ardha Halāsana

a) 바닥에서 들어올리기
b) 살람바 사르반가아사나에서

a) 바닥에서 들어올리기
· 살람바 사르반가아사나에서처럼 담요를 준비한다.
· 등을 대고 눕는다.
· 무릎을 굽히고 빠른 동작으로 다리와 엉덩이를 위로 들어올린다.
· 발을 벽에 대거나 의자의 앉는 부분에 내려놓는다.

바닥에서 들어올리기

아르다 할라아사나

살람바 사르반가아사나에서

· 손바닥을 등에 대고 받친다. 척추를 위로 들어올리고 가슴도 들어올린 상태를 유지한다.
· 두 다리를 모두 곧게 펴고 무릎을 단단히 조인다.
· 숨을 내쉬며 무릎을 굽히고 몸을 굴려서 내린다.

> 몸이 옆으로 기울어지거나 어느 한 쪽에 무게가 실리지 않게 하면서 바닥으로부터 몸을 재빨리 들어올려 할라아사나 또는 아르다 할라아사나 자세를 취하는 법을 배운다.

b) 살람바 사르반가아사나에서
· 어깨가 벽이나 의자의 앉는 부분으로부터 약 90cm(다리 길이) 정도 떨어지게 하여 살람바 사르반가아사나 자세를 취한다.
· 숨을 내쉬며 한 번에 한 다리씩 내려서 발을 벽에 대거나 발가락을 의자 위에 놓는다. 두 다리가 엉덩이와 일직선을 이루게 한다. 어느 정도의 수련을 거치면 두 다리를 함께 내릴 수 있게 된다.
· 넓적다리를 위로 들어올리고 무릎 뒤쪽을 펴서 오금의 힘줄을 곧게 편다.
· 엉덩이를 들어올려 척추의 길이를 유지한다.
· 살람바 사르반가아사나 자세로 되돌아와서 몸을 내린다. 등을 대고 눕는다.

> 척추를 수직으로 들어올린 상태를 유지하는 법을 배운다. 어깨로 서는 상태를 유지한다. 가슴이 안으로 들어가지 않게 한다.

> 주의 :
>
> 1) 아르다 할라아사나를 행하려는데, 몸과 벽 사이에 거리를 얼마나 두어야 할지 판단할 수 없을 경우 두 발의 발바닥을 벽에 닿게 하여 단다아사나 자세로 앉는다. 그리고 엉덩이가 놓인 곳에 선을 표시한 다음, 어깨를 정확히 그 선 위에 놓이게 하여 아르다 할라아사나 자세를 취한다.
> 2) 숨이 막힐 경우 두 다리를 30cm 정도 벌려서 횡격막이 압박되지 않게 한다.

발을 벽에 대기

아르다 할라아사나

할라아사나

52. 할라아사나 Halāsana

a) 바닥에서 들어올리기

b) 살람바 사르반가아사나에서

a) 바닥에서 들어올리기

· 발가락을 바닥에 닿게 하여 아르다 할라아사나 a)의 단계들을 따라한다.

· 숨을 내쉬며 몸을 내린다.

> 주의 : 바닥에서 다리를 차올릴 수 없거나 엉덩이를 들어올릴 수 없는 사람들은 엉덩이 아래에 큰베개나 베개를 놓아서 엉덩이가 들어올려지게 한다. 이렇게 하면 엉덩이를 들어올려 할라아사나나 살람바 사르반가아사나 자세를 취하기가 더 쉬워진다.

b) 살람바 사르반가아사나에서

· 살람바 사르반가아사나 자세를 취한다.

· 다리를 곧게 편 채로 숨을 내쉬며 발가락이 바닥에 닿을 때까지 두 다리를 모두 내린다. 이렇게 하는 동안 가슴과 엉덩이를 약간 뒤로 보낸다.

· 등을 들어올려 바닥과 수직을 이루게 하는 데 도움이 되도록 손바닥으로 등을 받친다.

· 정강이뼈와 넓적다리를 들어올린 상태를 유지한다.

· 다리를 조절할 수 없다면 한 번에 한 다리씩 행한다.

· 숨을 들이마시며 두 다리를 들어올려 사르반가아사나 자세로 돌아온다.

· 몸을 내리거나 다음의 변형 자세들을 취한다.

큰베개나 베개를 엉덩이 아래에 두기

카르나피다아사나

숩타 코나아사나

발가락이 바닥에 닿았을 때 아르다 할라아사나에서와 같이 척추 들어올리기를 유지하는 법을 배운다.

53. 카르나피다아사나 Karṇapīḍāsana

· 위의 할라아사나 자세에서 무릎을 굽혀서 얼굴 양쪽의 바닥까지 내린다. 발가락은 머리에서 멀어지는 쪽으로 향하게 하고 발바닥이 위를 보게 한다.
· 숨을 내쉬며 무릎을 위로 들어올려 할라아사나 자세를 취한다.

넓적다리가 몸통에 압력을 가하는 것에 맞서 등을 위로 들어올리는 법을 배운다. 이 자세는 단지 무릎을 굽히는 것이 아니라 몸통을 들어올리는 것이다.

54. 숩타 코나아사나 Supta Koṇāsana

· 할라아사나 자세에서 오른쪽 다리를 오른쪽 옆으로 왼쪽 다리를 왼쪽 옆으로 가져간다.
· 두 다리를 모두 곧게 펴고 무릎을 들어올린다.
· 두 다리를 가능한 한 넓게 벌린다.
· 두 발을 옮겨 할라아사나 자세로 되돌아온다.

이 아사나를 우파비스타 코나아사나와 비교하고 두 다리를 넓게 벌리는 법을 배운다.

55. 파르스바 할라아사나 Pārśva Halāsana

· 숩타 코나아사나 자세에서 왼쪽 다리를 오른쪽으로 옮겨 오른쪽 다리와 만나게 한다. 오른쪽 어깨와 나란하게 되도록 두 다리를 가능한 한 오른쪽으로 멀리 가져간다.
· 넓적다리를 바닥으로부터 멀어지게 들어올린 상태로 이 자세를 유지한다.
· 왼쪽 다리를 되돌아오게 하여 숩타 코나아사나 자세를 취한다.

· 오른쪽 다리를 왼쪽 다리를 향해 가능한 한 멀리 옮긴다.

· 두 다리를 가능한 한 왼쪽으로 멀리 보내고 두 넓적다리를 들어올린 상태로 이 자세를 유지한다.

· 오른쪽 다리를 되돌려 숩타 코나아사나 자세를 취한다.

· 두 다리를 가운데로 가져와 할라아사나 자세를 취한다.

· 무릎을 굽히고 몸을 굴려서 내린다.

파르스바 할라아사나

두 엉덩이뼈가 수평을 유지하고 앞이나 뒤쪽으로 기울어지지 않게 하는 법을 배운다.

주의 :

1) 할라아사나, 카르나피다아사나, 숩타 코나아사나를 행한 후에 살람바 사르반가아사나가 더 잘되는 것을 느낄 때가 많다. 이것은 이들 아사나에서 어깨에 대한 작용이 더 많이 이루어지기 때문이다.

2) 파르스바 할라아사나는 사르반가아사나를 하는 동안 등 근육이 고르게 신장되지 못해 묵직한 느낌이나 요통이 생길 경우 이를 없애 준다.

이 아사나들의 중요한 효과와 중요성에 대해 심도 있고 포괄적으로 이해하려면 『요가 디피카』를 참조하라.

이 아사나들은 호흡계, 순환계, 신경계, 분비계에 작용하며, 우리의 인격과 정신적 태도를 더 좋은 방향으로 변화시켜서 마음을 순수함으로 이끌어 준다. 또한 이 아사나들을 정기적으로 수행할 경우 의지력을 강화하고 기억력을 향상시키며 지적 능력을 증가시키고 정서적인 안정을 가져오는 데 도움을 얻을 수 있다. 인격을 쌓고 행동 양식을 향상시키는 데에도 도움이 된다.

감기나 기침, 천식, 편도선염, 구취, 심계 항진, 불면증, 신경 쇠약, 공포심, 우월감이나 열등감, 게으름, 무기력, 피로, 빈혈, 혈액 순환 장애, 변비, 느린 맥박, 집중력 저하, 전반적인 허약 증세, 생기 없음, 호르몬 부조화, 생리 장애, 성교 불능 등으로 고통 받는 사람들은 이러한 아사나들로부터 도움을 얻을 것이다.

살람바 사르반가아사나의 변형 자세들은 살람바 시르사아사나에서 균형 감각을 향상시키는 데 도움이 된다. 살람바 사르반가아사나에 숙달되면 시르사아사나를 더 잘할 수 있다. 그러므로 살람바 사르반가아사나를 제대로 배우는 것이 중요하다.

살람바 사르반가아사나의 변형 자세들과 할라아사나, 카르나피다아사나, 숩타 코나아사나는 독소와 노폐물을 제거해 준다. 그리고 위와 장에 있는 가스를 내보내어 복부 기관의 원기를 회복시키며, 허리와 등, 복부의 혈액 순환을 향상시킨다. 복부 기관을 수축시켜 질과 자궁 부위를 정화하는 것을 도울 뿐 아니라 결장을 단련시키고 전립선 비대를 예방하며 배설계의 기능을 향상시킨다.

여성의 경우 항상 매달 생리가 끝난 후에 곧바로 거꾸로 하는 아사나를 수련해야 한다. 다시 말해서 매달 생리가 끝날 때 거꾸로 하는 아사나를 먼저 수행하면서 정기적인 수련을 시작해야 한다. 이렇게 함으로써 더 많은 출혈을 억제하고 호르몬 균형을 되돌릴 수 있기 때문이다.

생리가 시작된 날부터 끝나는 날까지 거꾸로 하는 모든 자세들을 행해서는 안 된다.

생리를 정상화시키고 부인과적 건강을 유지하기 위해 생리 시기가 아닌 때에는 다른 아사나와 함께 거꾸로 하는 아사나들을 규칙적으로 수련해야 한다.

제11부

제 6 장

복부 단련 아사나

사람들은 허리 주위의 지방을 줄이고 복부 기관을 조율하기를 간절히 바란다. 처음 수업에 참여하는 사람들은 특히 복부 단련 운동을 요구한다. 복부 단련 아사나는 우다라 아쿤차나 스티티Udara Ākunchana Sthiti로 알려져 있다.

그러나 이 아사나들로 수련을 시작하는 것은 비과학적이다. 서서 하는 아사나는 복부를 조율하도록 준비시키며 복부 단련 아사나가 불러올 수 있는 과도한 긴장이나 잘못된 동작으로부터 복부를 보호해 준다.

거꾸로 하는 아사나는 복부 단련 아사나로 진행할 때 복부 기관이 손상되지 않도록 보호한다. 단지 복부 단련 아사나만 수행하고 거꾸로 하는 아사나를 피하는 사람들은 장기에 상처가 나거나, 배꼽과 서혜부의 탈장, 음낭수종, 백대하, 생리 이상, 전립선 비대 등을 겪게 될 가능성이 있다. 거꾸로 하는 아사나는 또한 무분별하고 잘못된 수련으로 인한 역효과를 막아 준다. 복부 단련 운동은 서서 하는 아사나와 거꾸로 하는 아사나로 미리 준비를 한 상태에서 실행해야 한다. 복부가 조율되지 않은 채 과격한 동작을 한다면 문제가 발생하게 되어 있다.

살람바 사르반가아사나와 할라아사나, 그리고 기타 변형 자세들을 배운 후에 복부를 단련하는 아사나를 배워야 한다. 장기의 건강을 생각한다면 이것이 안전하다. 지시에 어긋나거나 잘못된 동작은 거꾸로 하는 아사나로 상쇄될 수 있다. 사실 이것이 거꾸로 하는 아사나를 배워야 하는 이유라 할 수 있다.

우르드바 프라사리타 파다아사나

등을 대고 눕는다.

다리를 굽혀 발뒤꿈치를 엉덩이 쪽으로
가져간다.

넓적다리를 복부 쪽으로 가져간다.

다리를 곧게 편다.

56. 우르드바 프라사리타 파다아사나 Ūrdhva Prasārita Pādāsana

· 단다아사나 자세로 앉는다.
· 다리를 곧게 뻗고, 팔을 양쪽 옆에 두며, 손바닥이 바닥을 향하게 하여 등을 대고 눕는다.
· 두 다리를 굽혀 발뒤꿈치를 엉덩이 쪽으로 가져간다.
· 두 다리를 고관절 부위에서 굽히고 넓적다리를 복부 쪽으로 가져간다.
· 숨을 내쉬며 두 다리를 바닥과 수직이 되게 들어올리고, 엉덩이를 바닥에 댄 채로 다리를 곧게 편다.
· 숨을 내쉬며 다리를 굽혀서 넓적다리를 복부 쪽으로 가져온다. 발과 다리를 천천히 바닥으로 내린다.

> 얼굴의 긴장을 풀고 가슴을 활짝 편 상태를 유지하는 법을 배운다. 다리 동작을 하는 동안 바닥에 누워서 허리가 꼬리뼈 쪽으로 신장되는 상태를 유지하는 법을 배운다.

> 주의 :
>
> 1) 이 아사나는 바닥에서 두 다리를 곧게 뻗지 않고 3~5회 되풀이해도 좋다.
> 2) 살이 많이 쪘을 경우 벽에 가까이 가서 두 다리를 벽에 대고 올린다. 엉덩이도 벽에 대고 있어야 한다. 처음에는 두 발을 벽에 대고 있다가, 그 다음에는 두 발을 번갈아 벽에서 3cm 정도 떼어 놓은 뒤 벽에 대어 놓는다.
> 3) 다리를 들어올린 후 몸통의 측면을 뻗기 위해 손바닥이 천장 쪽을 보게 하여 두 팔을 머리 위로 뻗을 수 있다.

파리푸르나 나바아사나

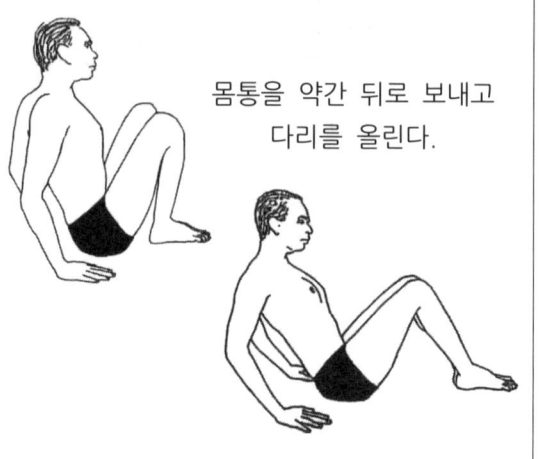

몸통을 약간 뒤로 보내고
다리를 올린다.

다리를 위로 올리고 있는 동안 손바닥을
바닥에 댄다.

파리푸르나 나바아사나

57. 파리푸르나 나바아사나 Paripūrṇa Nāvāsana

· 두 손을 옆에 놓고 바닥 위에 단다아사나 자세로 앉는다.
· 몸통을 약간 뒤로 가져간 다음 두 다리를 바닥에서 들어올려 막대기처럼 단단하게 만든다.
· 두 팔을 위로 올리고 바닥과 평행하게 하여 똑바로 편다. 손바닥은 서로 마주보게 한다.
· 쓰러지지 않도록 척추 전체를 몸 안으로 강하게 밀어 넣는다.
· 몸 전체의 균형을 두 엉덩이로 유지한다.
· 숨을 내쉬며 팔과 다리를 내리고 단다아사나 자세를 취한다.

척추와 가슴이 내려앉지 않게 하면서 균형을 유지하는 법을 배운다.

주의 :
1) 균형을 잡을 수 없는 사람들은 다리를 올리고 있는 동안 손바닥을 바닥에 놓아야 한다.
2) 다리와 복부가 아사나를 균형 있게 유지할 수 있을 만큼 튼튼하지 않다면 발뒤꿈치를 들어올려 벽에 대거나 받침대 위에 올려 둔다. 손은 엉덩이 옆에 놓는다. 즉 도움을 받아서 행한다.
3) 생리 중이거나 임신 중일 때는 이 두 아사나를 행하지 않는다. 설사, 이질, 백대하, 불규칙 생리 출혈과다증, 생리 곤란증이 있는 사람들은 절대로 이 아사나들을 실행해서는 안 된다.

숩타 파당구쉬타아사나

바닥에 눕는다.

오른쪽 무릎을 위로 굽혀 가슴 쪽으로 가져온다.

엄지발가락을 잡는다.

숩타 파당구쉬타아사나 I

58. 숩타 파당구쉬타아사나 Supta Pandāṅguṣthāsana I & II

a) 숩타 파당구쉬타아사나 I

b) 숩타 파당구쉬타아사나 II

a) 숩타 파당구쉬타아사나 I

· 두 다리를 쭉 뻗고 바닥에 눕는다. 팔은 몸 양옆에 둔다.

· 숨을 내쉬며 오른쪽 무릎을 위로 굽혀 가슴으로 가져오고 오른손으로 오른발의 엄지발가락을 잡는다.

· 오른쪽 다리가 바닥과 수직이 되도록 곧게 편다.

· 발가락, 무릎, 넓적다리가 일직선이 되게 한다. 넓적다리를 뒤로 누른다.

· 왼쪽 넓적다리가 바닥에서 들어올려지지 않게 한다.

· 숨을 내쉬며 무릎을 굽히고 손을 푼다. 다리를 내려 바닥에 놓는다.

· 왼쪽 다리를 올리고 왼쪽에 대한 지시에 따른다.

> 오금의 근육을 신장시키고 둔부의 근육을 자유롭게 움직이게 하는 법을 배운다.

b) 숩타 파당구쉬타아사나 II

· 숩타 파당구쉬타아사나 I 자세에서 시작한다.

· 숨을 내쉬며 오른쪽 다리를 오른쪽 바깥으로 내린다.

· 다리를 곧게 유지하고 오른발이 어깨와 나란하게 되도록 가능한 한 위로 멀리 오른발을 올린다. 왼쪽 골반이 바닥에서 떨어지지 않게 한다.

· 숨을 들이마시며 오른쪽 다리를 수직이 되도록 다시 들어올린다.

· 숨을 내쉬며 다리를 바닥으로 내린다.

· 반대쪽으로도 행한다.

> 골반 관절, 사타구니, 넓적다리의 제일 윗부분이 자유롭게 움직일 수 있게 하는 법을 배운다.

숩타 파당구쉬타아사나 Ⅱ

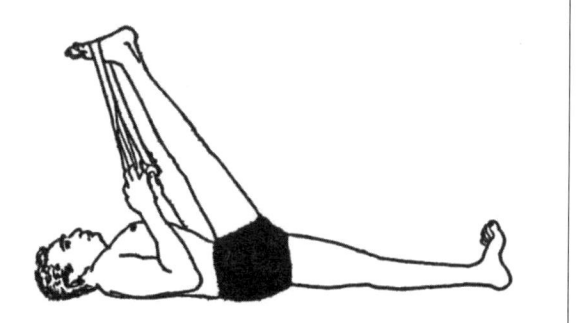

벨트를 잡고 행하는
숩타 파당구쉬타아사나 Ⅰ과
숩타 파당구쉬타아사나 Ⅱ

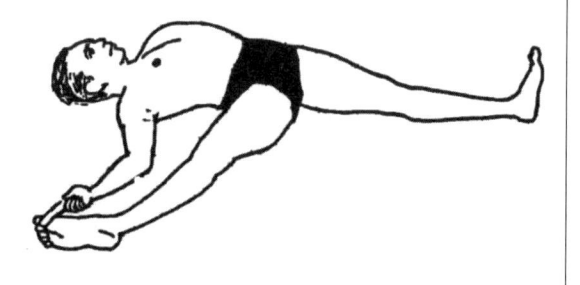

주의 :
1) 다리를 다른 다리의 자세를 흩트릴 만큼 옆으로 많이 내리지 않는다. 몸통, 엉덩이, 다리 전체의 뒷부분이 바닥에 닿아 있어야 한다.
2) 발가락에 손이 닿지 않을 경우 Ⅰ과 Ⅱ 모두 발 주위에 끈을 두른다.

우르드바 프라사리타 파다아사나와 파리푸르나 나바아사나는 허리와 복부 주위의 지방을 감소시키는 데 도움이 된다. 또 허리와 천골 부위의 근육을 튼튼하게 하고 복부를 조율하며 팽만감이나 헛배부름과 같은 위 질환을 완화시켜 준다. 그러나 이 아사나들로 인해 복부 근육이 수축되거나 요통이 발생하면 숩타 파당구쉬타아사나 Ⅱ로 보완할 수 있다.

숩타 파당구쉬타아사나 Ⅰ&Ⅱ는 좌골 신경통 및 요통을 경감시킨다. 또한 산소를 공급하여 골반부의 증상을 크게 완화하고 탈장, 전립선, 생리 질환을 예방한다. 그러나 생리 기간 중에는 숩타 파당구쉬타아사나 Ⅰ을 수행해서는 안 된다.

제12부

제 7 장

뒤로 뻗기

이제 척추를 뒤로 뻗는 자세를 살펴보기로 한다. 뒤로 뻗기는 푸르바 프라타나 스티티로 알려져 있다.

척추를 뒤로 뻗는 자세를 위해 선행 아사나를 제시하였다. 척추는 유연성도 필요하지만 그와 더불어 척추 근육 또한 단단해야 한다. 그렇지 않으면 유연성은 초보자들에게 상당히 부담이 되는 통증과 허약함을 유발할 것이다. 이 장에서는 네 가지 아사나를 다룬다. 첫 번째 아사나는 등을 활처럼 휘어지게 만들기 위해 척추 근육을 조율하는 반면, 마지막 아사나는 척추와 척추 근육을 중력에 반하여 들어올리는 것을 가르친다.

우르드바 무카 스바나아사나와 차투랑가 단다아사나의 경우 발의 자세는 두 가지가 있다. 하나는 발가락을 굽혀 머리를 향해 안으로 말아 넣는 것이고 두 번째는 발의 척골을 뻗어서 발가락이 머리에서 멀리 향하게 하는 것이다. 첫 번째 방법은 다리 근육을 조율하는 한편, 두 번째 방법은 척추 근육을 조율한다. 초보자는 발가락을 안으로 말아 넣는 자세가 유익함을 알 수 있을 것인데, 그것은 이 자세로 인해 다리 근육에 대한 이해가 깊어지기 때문이다. 만약 다리 근육이 지탱할 만큼 충분히 강하지 않으면 척추 근육을 다치게 된다. 그러므로 다리를 조율한 다음, 다리 근육을 강하게 하여 척추를 조정하는 법을 배워야 한다.

제 12 부

차투랑가 단다아사나

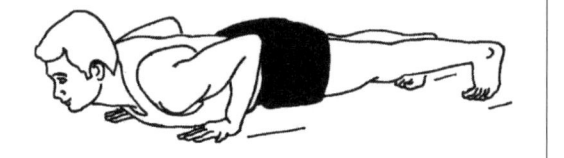

발가락을 아래로 내려 고정시키기

59. 차투랑가 단다아사나 Chaturaṅga Daṇḍāsana

a) 발가락을 아래로 내려 고정시키기

b) 발가락을 뒤로 뻗기

a) 발가락을 아래로 내려 고정시키기

· 얼굴이 바닥을 보게 하여 엎드린다.

· 팔꿈치를 굽히고 손바닥을 유리늑골과 나란하게 몸 양옆에 놓는다.

· 두 발을 30cm 정도 벌리고 발가락을 머리 쪽을 향하게 하여 고정시킨다.

· 숨을 내쉬며 몸 전체를 바닥 위로 약 8~10cm 정도 들어올린다.

· 가슴과 엉덩이, 넓적다리, 무릎을 들어올려서 몸 전체를 두 손과 발가락으로만 지탱하도록 한다.

· 얼굴과 가슴은 바닥을 향하게 한다.

· 숨을 내쉬며 몸통을 바닥에 내린다.

> 꼬리뼈를 천장 쪽으로 내밀지 않고 무릎과 넓적다리를 바닥 위에서 떨어지게 하여 단단하게 유지하는 법을 배운다.

> 주의 : 바닥에서 몸을 떼어 위로 들어올릴 수 없다면 아도 무카 스바나아사나를 행한 뒤에 팔꿈치를 굽혀서 이 아사나로 나아간다.

b) 발가락을 뒤로 뻗기

· 얼굴을 아래로 하여 엎드린다. 발가락은 뒤로 뻗는다.

· 두 발을 모으고 다리를 곧게 하여 뻗는다.

· 손과 손바닥을 펴서 유리늑골과 나란하게 놓는다.

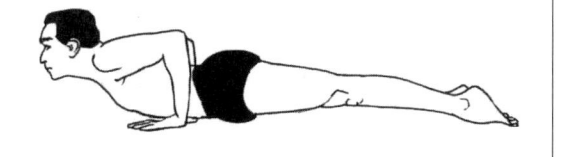

발가락을 뒤로 뻗기

· 손바닥을 누르면서 엉덩이와 넓적다리를 들어올린다. 몸 전체를 바닥에서 약 8~10cm 정도 들어올린다(또는 위와 같이 한다.).
· 발가락이 뒤로 뻗쳐지고 체중이 척골로 지탱되도록 몸과 팔을 말아 올리듯 편다.
· 몸통 전체와 다리를 지팡이(단다Danda)처럼 만든다. 그렇지 않으면 몸이 다시 바닥으로 내려 앉게 된다.
· 숨을 내쉬며 조심스럽게 몸을 바닥으로 내린다.

> 몸 전체가 바닥과 평행이 되게 가슴을 위로 들어올린 상태로 유지하는 법을 배운다.

> 주의 :
> 1) 이것은 절대로 뒤로 굽히는 아사나가 아니다. 그러나 이 아사나는 다음의 세 가지 아사나, 즉 우르드바 무카 스바나아사나, 다누라아사나, 살라바아사나를 위해 척추 근육을 조율한다. 이것은 척추 근육의 힘을 알기 위한 척도이다.
> 2) 생리 중에는 이 아사나를 행하지 않는다.

60. 우르드바 무카 스바나아사나 Ūrdhva Mukha Śvānāsana

> 주의 : 이 아사나는 발가락의 자세를 차투랑가 단다아사나에서와 같게 하여 행할 수 있다. 다음 지시 사항은 발가락을 뒤로 뻗는 자세를 위한 것이다.

· 두 손바닥을 가슴 옆의 바닥에 놓고 엎드린 자세를 취한다.
· 손바닥과 손가락을 편다.
· 숨을 들이마시며 머리와 가슴을 위로 올린다. 팔을 펴고 팔꿈치를 단단히 고정시킨다.
· 골반과 넓적다리, 무릎을 바닥에서 들어올린다.
· 체중은 손바닥과 발등에 실린다.
· 팔꿈치를 단단히 고정시킨 채 견갑골을 뒤로 돌리고 가슴을 더 들어올린다.
· 목을 길게 늘이고 머리를 뒤로 젖혀 위를 바라본다.
· 얼마 동안 이 자세를 유지한 후에 팔꿈치를 굽히고 몸통을 다시 바닥으로 내린다.

우르드바 무카 스바나아사나

팔을 지지대로 이용하여 몸통을 더 높이 들어올리는 법을 배운다.

주의 : 손목과 팔꿈치, 어깨가 약하여 손목에 곧바로 실리는 무게를 견디지 못하거나 척추 강직증을 앓는 사람들은 손바닥을 몸에서 멀어지게 바깥쪽으로 돌려서 이 아사나를 행해도 좋다. 나중에 팔과 목이 조율됨에 따라 표준적인 방법으로 수행할 수 있다.

61. 다누라아사나 Dhanurāsana

· 엎드린 자세에서 무릎을 굽히고 발을 엉덩이 쪽으로 가져간다.
· 팔을 뒤로 돌려 오른손으로 오른쪽 발목을, 왼손으로 왼쪽 발목을 잡는다.
· 숨을 내쉬며 발목을 꽉 잡으며 가슴, 무릎, 넓적다리를 바닥에서 떼어 위로 들어올린다.
· 두 발과 무릎은 약간 벌린 상태로 둔다.
· 발목을 단단히 잡고 다리와 가슴을 더 많이 들어올릴 수 있도록 다리와 팔 사이에 작용하는 저항력을 이용한다.
· 머리를 들고 위를 바라본다.
· 체중은 복부 아랫부분에 실릴 것이다.
· 숨을 내쉬며 발목을 풀고 몸통과 다리를 바닥에 내려놓는다.

팔로 뒤에서 끌어당겨 몸이 위로 더 휘어지게 하는 법을 배운다. 그러나 복부 부분을 중심으로 균형을 잡아야 한다.

다누라아사나

62. 살라바아사나 Śalabhāsana

· 엎드린 자세에서 숨을 내쉬며 머리, 가슴, 넓적다리를 위를 향해 동시에 바닥에서 들어올린다.

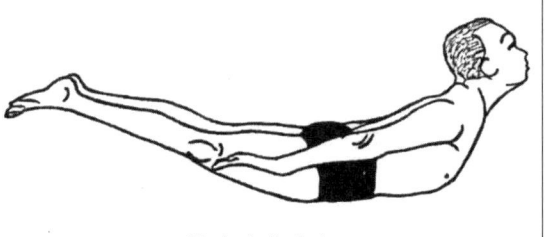

살라바아사나

우스트라아사나

담요 위에 무릎 꿇기

가슴을 들어올린
상태를 잘 유지하
면서 몸통 뒤로
굽히기

손을 발뒤꿈치에 닿게 하기

· 이때 복부만 바닥 위에 놓여 있어야 한다.
· 엉덩이를 바닥 쪽으로 내려 꼬리뼈가 아래로 눌리게 한다.
· 팔은 발을 향해 뒤로 곧게 뻗는다.
· 가슴과 넓적다리를 더 들어올리고 위를 바라본다.
· 숨을 내쉬며 몸통과 다리를 바닥에 내려놓는다.

> 넓적다리와 가슴을 바닥 위에서 같은 높이로 들어올릴 수 있도록 넓적다리와 가슴에 동시에 힘을 작용시키는 법을 배운다.

63. 우스트라아사나 Uṣṭrāsana

우스트라아사나는 뒤로 굽히는 자세 중 초보자에게 가르치는 유일한 자세로 이것은 척추와 척추 근육을 중력에 반하여 들어올린다. 이 아사나는 뒤로 굽히는 나머지 다른 아사나들로 나아가는 데 필요한 기본적인 이해력을 얻게 하는 예비적 성격을 가진다.

· 무릎과 발을 엉덩이 너비로 벌리고(고급 단계에서만 무릎과 발을 붙여서 행한다.) 담요 위에 무릎을 꿇는다.
· 두 정강이뼈가 평행한지, 발가락이 뒤를 똑바로 향하고 있는지 확인한다.
· 두 손은 엉덩이 위에 둔다.
· 넓적다리가 바닥과 수직을 이룬 상태에서 몸통 앞부분 전체를 쭉 뻗으면서 길게 늘이고 위로 들어올린다.
· 엉덩이 아랫부분을 안으로 말아 넣는다.
· 척추를 견갑골 사이에서 안으로 밀어 넣는다.
· 숨을 내쉬며 가슴을 들어올린 상태를 잘 유지하면서 몸통을 뒤로 더 굽힌다.
· 발뒤꿈치에 닿도록 손을 뒤로 가져간다.
· 견갑골을 안으로 밀어 넣어 가슴을 더 들어올리도록 손을 이용한다.
· 목을 길게 늘이고 머리를 뒤로 젖혀 뒤를 바라본다.
· 머리를 들고 손을 허리로 가져와 몸통을 똑바로 세운 자세로 되돌린다.
· 비라아사나 자세로 앉는다.

다리를 잘 조절하면서 뒤로 굽히는 법을 배운다. 넓적다리와 척추를 들어올리기 위해 정강이를 아래로 누르는 법을 배운다. 뒤로 굽히기 위해 다리를 뒤틀어서는 안 된다.

초보자를 위해 뒤로 굽히는 동작을 엎드린 자세에서 소개하는데, 이것은 엎드린 자세에서는 등을 휘게 하는 동작이 척추의 바깥쪽 근육에서 이루어지기 때문이다. 이 휴식을 주는 단계를 먼저 행해야 한다. 수련생은 더 높은 단계의 뒤로 굽히는 자세들을 행하기 위해 척추를 강하게 만들어야 한다. 특히 엎드린 자세에서 뒤로 굽히는 동작을 하는 중 등이 아플 경우 이것은 척추나 척추 근육에 결함이 있음을 가리키며, 수련생에게 다른 아사나들에서의 결함을 바로잡으라는 신호를 주는 것이다.

팔을 튼튼하게 하고 신장을 조율하는 것 이외에도 차투랑가 단다아사나는 등 근육이 척추를 지지할 수 있게 준비시키고, 이로써 더 나은 방법으로 등을 굽힐 수 있게 한다. 그러므로 이 아사나는 실제로 척추를 뒤로 뻗는 자세는 아니더라도 뒤로 굽히는 자세를 위해 등을 준비시킨다.

우르드바 무카 스바나아사나는 등의 뻣뻣함과 통증을 없애 준다. 등을 휘게 하여 뻗을 때에도 소화에 도움을 주는 복부 압박이 순차적으로 일어난다. 복부에 대한 압박으로 복부 기관이 조율된다. 척추에 더 많은 공간이 생기며 가슴에서 폐활량은 점점 더 커진다. 다누라아사나와 살라바아사나는 등과 척추 바깥쪽 근육을 강화하는 역할을 한다.

우르드바 무카 스바나아사나와 우스트라아사나는 고급 단계의 뒤로 굽히기를 위한 예비적 성격의 아사나들이다. 이 두 아사나에서 척추의 만곡과 혹시 있을 수 있는 척추 근육의 불균형을 이해할 수 있는 많은 기회를 가질 수 있다. 이를 통해 등 근육을 다시 조정하고 바로잡으며 새롭게 틀을 형성할 수 있으며, 폐, 심장, 간, 신장, 췌장과 같은 복부 기관들을 조율할 수 있게 된다. 그 결과 근육 및 기관들은 뒤로 뻗는 자세에서 올 수 있는 스트레스를 견디게 된다. 뒤로 뻗는 자세를 행하는 중 등의 통증과 더불어 숨 가쁨, 과다 호흡, 구토의 느낌, 메스꺼움, 두통, 어지럼증을 겪을 때가 종종 있다. 그러므로 어떤 사람들은 뒤로 굽히는 것을 두려워한다. 그들은 메스꺼움과 어지러움을 느끼며 마치 현기증이 발병한 것처럼 여기기도 한다. 이것은 주로 척추 근육이 **뻣뻣**하고 간 기능이 활발하지 못하여 일어나는 현상이다. 이 두 아사나는 그러한 장애들을 제거하여 수련생이 육체의 차원에서뿐 아니라 정신의 차원에서도 준비를 갖추게 한다.

여성들은 생리 기간과 임신 기간에 이 그룹(제12부)의 아사나를 행하는 것을 피한다.

앞서 언급한 아사나들을 세심히 주의를 기울여 수련하여 등을 뒤로 굽히는 아사나들에 체계적으로 접근한다면 위에서 말한 문제들은 일어나지 않는다. 그러나 뒤로 굽히는 아사나를 수련하고 싶은 유혹 때문에 사람들은 무분별하게 뒤로 굽히는 아사나를 수련한다. 따라서 뒤로 굽히는 아사나들을 시도하기 전에 앞서 언급한 아사나들을 굳건히 다져야 한다.

이 모든 아사나 중 몇몇 아사나는 초보자들과 관련된 경우 '가볍게 논의하고 넘어가는' 방식으로 다루어야 한다. 척추 근육이 단련되어 있지 않으면 이 아사나들을 오래 지속할 수 없다. 이 아사나들에 익숙해지고 이들을 정확하게 수행할 수 있을 때 지속 시간을 늘릴 수 있다. 예를 들어 브륵샤아사나, 웃카타아사나, 파리가아사나, 고무카아사나, 파리브리타 파르스바코나아사나, 파리푸르나 나바아사나, 차투랑가 단다아사나, 다누라아사나, 살라바아사나는 연로하거나 허약한 사람들, 혹은 신체를 미리 조율해 놓지 않은 사람들에게는 적합하지 않다.

태양 경배 자세

1. 사마스티티 Samasthiti
2. 나마스카라아사나 Namaskārāsana
3. 우르드바 하스타아사나 Ūrdhva Hastāsana
   혹은 우르드바 나마스카라아사나
   Ūrdhva Namaskārāsana
4. 우타나아사나 Uttānāsana
5. 아도 무카 스바나아사나 Adho Mukha Śvānāsana
6. 우르드바 무카 스바나아사나
   Ūrdhva Mukha Śvānāsana
7. 차투랑가 단다아사나 Chaturaṅga Daṇḍāsana
8. 우르드바 무카 스바나아사나
   Ūrdhva Mukha Śvānāsana
9. 아도 무카 스바나아사나
   Adho Mukha Śvānāsana
10. 우타나아사나 Uttānāsana
11. 우르드바 하스타아사나 Ūrdhva Hastāsana
12. 나마스카라아사나 Namaskārāsana
13. 사마스티티 Samasthiti

제 8 장

수리야 나마스카라 SŪRYA NAMASKĀRA(태양 경배 자세)
연결된 아사나들의 연속적 순환

태양 경배는 먼 옛날부터 전해 내려오는 매일 행하는 종교적인 기도의 일부분이다. 모든 이들은 공양물을 올리고 기도문을 읊으며 태양에 예배했는데, 그것은 수리야Sūrya, 즉 태양신이 인간에게 없어서는 안 될 엄청난 태양 에너지를 가지고 있기 때문이다.

여기에서는 잘 알려진 수리야 나마스카라를 소개하는데, 이것은 운동성, 기민함, 신속함, 예리함, 자유를 부여하는 동시에 의지력과 육체적인 힘을 길러 준다.

제 13 부

64. 수리야 나마스카라 Sūrya Namaskāra

> 주의 : 수리야 나마스카라를 고급 단계의 방법으로 수련하길 원하는 사람은 『요가 디피카』를 참조해야 한다.

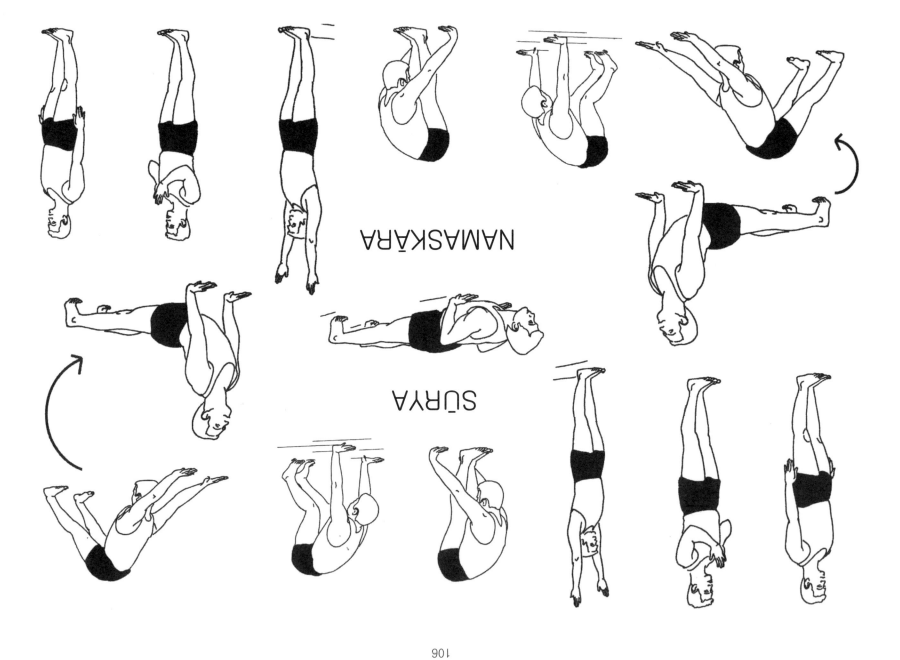

SŪRYA NAMASKĀRA

수리야 나마스카라

1. **사마스티티** — 발을 모으고 서서 무릎을 단단히 죈다. 가슴을 앞으로 내밀고 팔을 아래로 쭉 뻗는다.
2. **나마스카라아사나** — 숨을 들이마시며 흉골 앞에서 두 손을 합장하여 나마스카라 자세를 취한다.
3. **우르드바 하스타아사나** — 숨을 내쉬며 손을 푼 다음 숨을 들이마시며 팔을 위로 쭉 뻗거나 우르드바 나마스카라아사나를 행한다.
4. **우타나아사나** — 숨을 내쉬며 팔과 몸통을 아래로 내린다. 손바닥을 두 발 옆에 놓고 손가락은 활짝 편다.
5. **아도 무카 스바나아사나** — 숨을 들이마셨다가 내쉬며 — 무릎을 굽히고 껑충 뛰어 발을 뒤로 보내 아도 무카 스바나아사나 자세를 취한다.
6. **우르드바 무카 스바나아사나** — 숨을 들이마시며 엉덩이를 바닥 쪽으로 내리고 가슴을 들어올리며 위를 바라보아 우르드바 무카 스바나아사나 자세를 취한다.
7. **차투랑가 단다아사나** — 숨을 내쉬며 골반, 넓적다리, 무릎이 바닥 위에 떨어져 있는 상태로 가슴을 바닥 쪽으로 내린다.
8. **우르드바 무카 스바나아사나** — 숨을 들이마시며 가슴을 들어올리고 팔을 곧게 펴서 위를 바라본다.
9. **아도 무카 스바나아사나** — 숨을 내쉬며 다시 아도 무카 스바나아사나 자세로 돌아간다.
10. **우타나아사나** — 숨을 들이마시며 무릎을 굽힌 다음, 숨을 내쉬며 껑충 뛰어 발을 두 손 사이로 가져오고 다리를 곧게 편다. 머리를 정강이 쪽으로 가져온다.
11. **우르드바 하스타아사나 혹은 우르드바 나마스카라아사나** — 숨을 들이마시며 몸통과 팔을 위로 들어올린다.
12. **나마스카라아사나** — 숨을 내쉬며 가슴 앞에서 두 손을 합장하고 숨을 들이마신다.
13. **사마스티티** — 숨을 내쉬며 손을 풀어 몸 양쪽 옆에 둔다.

이것으로 수리야 나마스카라의 한 주기가 완성된다. 한 주기가 끝난 다음 또 다른 주기를 되풀이할 수 있다. 대체로 수리야 나마스카라는 태양신의 12가지의 이름을 암송하면서 12번 되풀이하여 행한다.

여기에 태양신의 12가지 이름을 소개한다. 먼저 이름을 말한 다음 경배 자세를 진행한다.

1. 옴 미트라야 나마Āuṁ Mitrāya Namaḥ
2. 옴 라바예 나마Āuṁ Ravaye Namaḥ
3. 옴 수리야야 나마Āuṁ Sūryāya Namaḥ
4. 옴 바나베 나마Āuṁ Bhānave Namaḥ
5. 옴 카가야 나마Āuṁ Khagāya Namaḥ
6. 옴 푸쉬네 나마Āuṁ Pūṣṇe Namaḥ
7. 옴 히란야가르바야 나마Āuṁ Hiraṇyagarbhāya Namaḥ
8. 옴 마리차예 나마Āuṁ Marīchaye Namaḥ
9. 옴 아디티야야 나마Āuṁ Ādityāya Namaḥ
10. 옴 사비트레 나마Āuṁ Savitre Namaḥ
11. 옴 아르카야 나마Āuṁ Arkāya Namaḥ
12. 옴 바스카라야 마나Āuṁ Bhāskarāya Namaḥ

12번째 경배를 마친 후 '옴 쉬리 사비트루 수리야 나라야나야 나마Āuṁ Shri Savitru Sūrya Nārāyaṇāya Namaḥ'라고 말한다.

수리야 나마스카라는 껑충 뛰는 동작들 사이에 서서 하는 아사나들을 끼워 넣어 연속된 형태로 만들어 행할 수도 있다. 예를 들어, 5번째 단계를 행한 뒤에 앞으로 껑충 뛰어 우티타 트리코나아사나를 한다. 이 아사나를 다 마친 뒤에 5번째 단계로 되돌아간다. 다시 껑충 뛰어 반대편에서 같은 아사나를 행한 다음 5번째 단계로 되돌아간다. 뒤이어 6번째 단계를 행하면서 앞으로 계속 진행한다.

신속한 동작과 빠른 자세 변화는 동작에 있어 자유로움을 얻게 하고 민첩함과 유연성을 길러 주며 혈액 순환을 개선시킨다. 무뎌진 두뇌는 활력을 되찾고 생각에 침잠된 마음이 생기를 회복한다. 그러므로 이것은 일종의 뇌의 정화 작용이라 할 수 있으며, 여기서 우리는 새로운 시각을 가지고 더 나은 미래를 바라보기 시작한다. 따라서 젊은이들은 이것을 즐거워하며 이것을 행하는 데 만족을 느낀다.

요즈음 스트레스에 대응하기 위해 육체적인 훈련을 하는 경우가 많다고 해서 심장 질환을 가진 환자도 도움을 얻을 것이라고 말하는 것은 잘못이다. 그러한 경우에는 등을 바닥에 대고 눕는 자세나 거꾸로 하는 자세와 같은 원기를 회복시키고 치유 효과를 가진 아사나들이 더 필요하다.

서서 하는 아사나들과 우스트라아사나처럼 뒤로 뻗는 자세들은 스트레스와 과격한 운동을 견디는 데 도움을 줄 뿐 아니라 심장 근육을 조율하는 데에도 유용할 것이다. 상황이 이런 데에도 수리야 나마스카라를 소개하는 것은 오류라 할 수 있다.

생리 중이거나 임신 중일 때는 수리야 나마스카라를 피해야 한다. 그러나 신속하고 빠른 동작을 피하고, 껑충 뛰지 않는다면 6번째와 7번째 단계를 제외한 다른 아사나들은 따로 실행할 수 있다.

제14부

제 9 장

원기를 되찾게 하는 아사나

이 아사나들은 비스란타 카라카 아사나Viśrānta Kāraka āsanas로 알려져 있으며 내부 기관을 포함하여 신체에 휴식을 주기 위한 것이다. 각 기관은 산소 공급과 휴식을 위해 마치 서로 분리된 것과 같은 상태가 된다. 우리는 의식과 각성의 칼로 신체를 내부로부터 분해할 수 있다. 그러나 회복을 얻기 위해서는 아사나를 지속하는 시간을 5~10분까지 늘려야 한다.

이 아사나 그룹에서 우리는 회복을 얻을 수 있도록 수동적으로 느슨하게 뻗게 해 주는 초보자를 위한 아사나들을 몇 가지 소개하였다. 이 아사나들을 수행하기 위해서는 대부분의 가정에 있는 비품들, 즉 큰베개나 담요, 베개, 침대, 탁자 등이 필요하다. 임산부도 이 아사나들을 행할 수 있지만 생리 중인 여성은 살람바 사르반가아사나와 비파리타 카라니는 피해야 한다. 이 둘은 거꾸로 하는 아사나이기 때문이다.

주의 : 숩타 비라아사나, 숩타 받다 코나아사나와 사바아사나는 숩타 스티티의 아사나로 알려져 있다. 살람바 사르반가아사나, 세투반다 사르반가아사나와 비파리타 카라니는 비파리타 스티티에 속하고, 살람바 푸르보타나아사나는 푸르바 프라타나 스티티에 속한다.

숩타 비라아사나

비라아사나 자세로 앉아 손바닥을 발 위에 놓는다.

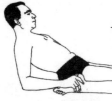

몸통을 뒤로 눕히고 굽힌 팔꿈치에 몸을 의지한다.

팔을 옆으로 뻗는다.

팔을 머리 위에 두고

두 팔꿈치를 잡고

65. 숩타 비라아사나 Supta Vīrāsana

a) 팔을 옆에 두고
b) 팔을 머리 위에 두고
c) 두 팔꿈치를 잡고

· 비라아사나 자세로 앉아서 손바닥을 발 위에 올려놓는다.
· 몸통을 뒤로 눕히면서 굽힌 팔꿈치에 몸을 의지한다. 숨을 들이마시며 가슴을 들어올리고 몸통을 낮추어 바닥 위에 내려놓는다.

a) 팔을 옆에 두고
· 이 자세에서 팔을 몸통과 약 60° 각도를 이루게 하여 옆으로 쭉 뻗는다. 위팔을 바깥쪽으로 돌리고 손바닥은 천장을 향하게 한다.

b) 팔을 머리 위에 두고
· 팔을 곧게 펴서 천장을 향해 위로 쭉 뻗은 다음 머리 위로 넘겨서 머리 너머 바닥으로 내린다. 손바닥은 천장을 향하게 한다.

c) 두 팔꿈치를 잡고
· 팔꿈치를 굽히고 왼손으로 오른쪽 팔꿈치를, 오른손으로 왼쪽 팔꿈치를 잡는다.
· 두 팔꿈치를 머리 위로 넘겨서 머리 위쪽에 내려놓는다. 받다 하스타 타다아사나에서 배운 대로 팔꿈치를 서로 바꾸어 잡아야 한다.
· 팔을 풀고 비라아사나 자세를 거쳐 단다아사나 자세로 돌아온다.

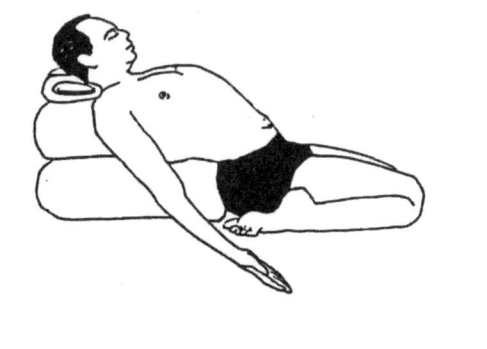

큰베개로 받치기

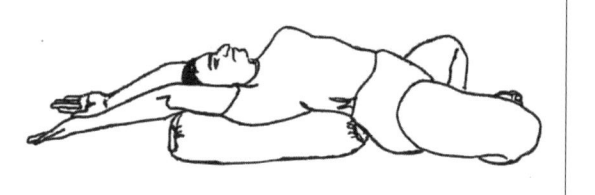

숩타 받다 코나아사나

주의 : 위의 비라아사나 자세들은 모두 큰베개를 받치고 행할 수 있다. 큰베개 하나로 잘 안 되면 두 개를 이용한다. 팔을 놓는 방식은 휴식을 주는 이 자세들 중에서 어떤 것을 택해도 좋다.

· 먼저 이미 설명한 대로 비라아사나 자세로 앉는다.
· 몸 뒤쪽에 긴 큰베개를 세로로 놓는다.
· 큰베개가 똑바로 놓였는지 확인한다.
· 바닥 위에 눕는 것과 같은 순서로 큰베개 위에 눕는다. 척추는 반드시 큰베개 위에 세로로 평평하게 놓여져야 한다.

66. 숩타 받다 코나아사나 Supta Baddha Koṇāsana

주의 : 이 아사나는 위에서 말한 대로 큰베개를 받치고 할 수도 있고, 받치지 않고 할 수도 있다.

· 받다 코나아사나 자세로 앉는다. 위에서 말한 대로 세로로 큰베개를 놓고 뒤로 누우며 등이 평평히 펴지게 한다.
· 팔꿈치에 기대어 몸통, 어깨, 머리를 바닥 위에 내린다.
· 숩타 비라아사나의 팔 자세 모두를 이 자세에서 취할 수 있다.
· 팔과 다리를 풀고 단다아사나 자세로 앉는다.

주의 :
1) 가슴이 안으로 꺼지지 않게 한다. 목과 얼굴 근육을 이완하여 부드럽게 호흡한다. 충분한 휴식의 느낌을 얻기 위해 눈을 감는다. 호흡이 원활하게 이루어지게 한다.

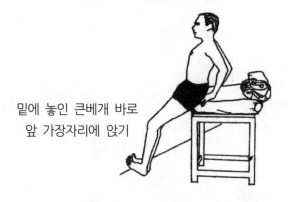

살람바 푸르보타나아사나

밑에 놓인 큰베개 바로
앞 가장자리에 앉기

위에 놓인 큰베개
위로 등을 대고 눕기

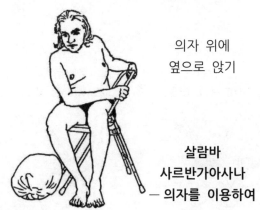

의자 위에
옆으로 앉기

**살람바
사르반가아사나
― 의자를 이용하여**

2) 두 아사나들 모두 생리 중 과다한 출혈을 막아 주며, 따라서 생리 기간 중
수행을 권한다.

67. 살람바 푸르보타나아사나 Sālamba Pūrvottānāsana

· 벽에서 약 75cm 정도 떨어지게 하여 탁자를 놓는다.
· 탁자 위에 두 개의 큰베개를 포개는데, 위에 올린 큰베개는 약간 뒤로 물려서 놓는다.
· 밑에 놓인 큰베개의 바로 앞 가장자리에 앉아서 탁자 모서리를 잡고 위에 놓인 큰베개 위로
등을 대고 눕는다.
· 다리를 곧게 쭉 뻗고 발가락을 벽에 맞대어 지탱하는 힘을 얻게 한다.
· 팔을 옆을 향해 쭉 뻗고 손바닥이 위를 향하게 한다.
· 머리가 뒤로 처지면 담요를 놓아 받친다.
· 무릎을 굽히고 숨을 내쉬며 몸통을 위로 들어올리며 일어난다.

주의 : 횡격막을 활짝 펴는 법을 배운다. 가슴을 넓히고 갈비뼈 사이의 근육을 편다. 이
세 아사나 모두에서 복부를 부드럽게 하고 가슴 높이보다 아래에 위치하게 한다. 날숨을
정상 호흡보다 약간 더 길게 하여 부드럽게 호흡한다. 엉덩이와 발이 아래로 미끄러지게
해서는 안 된다. 큰베개 위에서 적당히 몸이 끌어당겨지는 느낌을 가져야 한다.

68. 살람바 사르반가아사나 Sālamba Sarvāṅgāsana ― 의자를 이용하여

주의 : 초보자나 나이가 든 사람, 환자들이 이 아사나에 접근하기 쉽도록 기구를 이용한
방법을 소개한다.

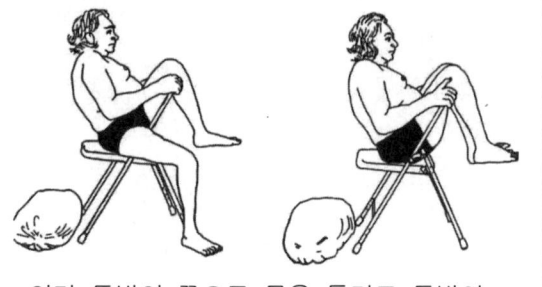

의자 등받이 쪽으로 몸을 돌리고 등받이
위로 다리를 하나씩 올려 걸쳐 놓는다.

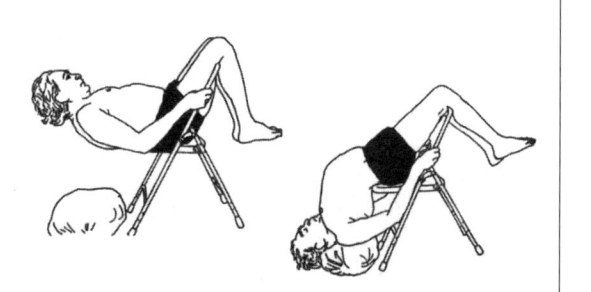

어깨가 큰베개에 닿을 때까지 등을 눕힌다.

다리를 하나씩 차례로 곧게 뻗는다.

· 바닥 위에 의자를 놓고 의자 바로 앞에 큰베개를 놓는다.
· 의자 모서리가 등에 배기지 않게 의자의 앉는 부분 위에 접은 담요를 깐다.
· 의자 위에서 하는 바라드바자아사나(제9부)에서처럼 의자 위에 옆으로 앉는다.
· 의자 등받이 쪽으로 몸을 돌리고 의자 팔걸이 부분을 잡는다.
· 다리를 등받이 위로 하나씩 차례로 올린다.
· 숨을 내쉬며 등을 큰베개 쪽으로 눕힌다.
· 어깨가 큰베개에 닿을 때까지 천천히 몸을 내린다.
· 의자로부터 미끄러져 떨어지지 않도록 허리를 의자의 앉는 부분에 걸쳐 있게 한다.
· 다리를 하나씩 차례로 곧게 뻗어서 의자 등받이 위에 내려놓는다.
· 가슴을 넓게 펴고 몸체를 길게 늘이는 동시에 뇌에 충분한 휴식을 줄 수 있도록 의자 팔걸이
  부분을 단단히 잡은 상태를 유지한다.
· 이 아사나 자세에 얼마 동안 머문 뒤 무릎을 굽히고 발바닥을 의자 등받이 위에 올려놓는다.
· 의자 팔걸이 부분을 잡은 힘을 느슨히 풀어 서서히 바닥으로 미끄러져 내려온다.
· 이 자세로 잠시 기다린 다음 옆으로 몸을 굴려 일어나 앉는다. 급하게 일어나 앉지 않는다.

> 주의 : 의자 위에 불필요한 체중을 싣지 않는다. 의자를 잡고 의자 위에서 몸을 지속적
> 으로 위로 쭉 뻗어 올린다.

69. 세투반다 사르반가아사나 Setubandha Sarvāṅgāsana
a) 큰베개들을 교차시켜서
b) 목침을 이용하여

a) 큰베개들을 교차시켜서
· 두 개의 큰베개를 십자가 모양으로 서로 교차시켜 놓는데, 밑에 놓인 큰베개는 수평 방향으로,
  위에 놓인 큰베개는 수직 방향이 되게 한다.
· 수직 방향으로 놓인 큰베개의 한쪽 끝 위에 앉아 뒤로 누워 머리와 어깨 뒷부분이 바닥에 놓
  이게 한다.

세투반다 사르반가아사나

큰베개를 교차시킨다.

엉덩이를 위로 들어올리고 목침을 천골
아래에 꼬리뼈를 향하여 수직으로 놓는다.

목침

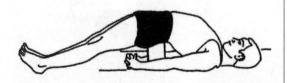

다리를 곧게 펴고 가슴을 위로 활짝 연다.

· 팔을 옆으로 뻗는다.
· 다리를 뻗어 똑바로 바닥 위에 놓이게 한다.
· 가슴은 반드시 활짝 열려 있어야 한다.
· 필요하다면 어깨, 목, 머리 아래를 받치고, 등이 편하지 않으면 발을 상자나 큰베개 위에 올려
  놓는다.
· 큰베개를 잡고 무릎을 굽힌 다음 머리 방향으로 몸을 미끄러뜨려 내려온다.

> 주의 : 큰베개 위에서 등이 휘어지게 하면서 몸통을 알맞게 내려놓았는지 확인한다. 머리
> 쪽으로 몸을 너무 많이 내리면 가슴이 좁아지고 복부가 부풀려진다. 다리 쪽으로 몸을
> 너무 많이 내리면 엉덩이가 내려앉아 허리에 긴장을 느끼게 된다.

b) 목침을 이용하여
· 바닥에 누워 무릎을 굽히고 발가락이 벽을 향하게 한다.
· 머리와 목, 어깨를 바닥 위에 두고 발로 바닥을 누르면서 엉덩이를 위로 들어올린다.
· 목침을 천골 아래에 꼬리뼈를 향하여 수직으로 놓는다.
· 한 번에 하나씩 다리를 곧게 펴고 발뒤꿈치 뒷부분의 중심이 바닥에 놓이게 한다.
· 가슴을 위로 활짝 연다.
· 팔은 발을 향해 바닥을 따라 뻗는다.
· 몸을 일으키려면 무릎을 굽히고 엉덩이를 들어 목침을 치우고 엉덩이를 바닥으로 내린다. 그 다음
  옆으로 몸을 굴려서 일어나 앉는다.

70. 비파리타 카라니 Viparīta Karaṇi
· 서로 포개 놓은 두 개의 큰베개 위에 앉는다.
· 어깨, 목, 머리 뒷부분이 바닥에 놓이게 하여 눕는다.
· 팔을 옆으로 약 60° 각도가 되도록 벌린다.
· 무릎을 굽혀서 가슴 쪽으로 가져온다.

· 다리를 천장을 향해 위로 곧게 편다.
· 다리가 바닥과 수직이 되도록 조정한다.
· 가슴을 들어올린다.
· 내려오기 위해 무릎을 굽히고 발을 바닥 쪽으로 낮춘다. 그 다음 엉덩이가 바닥으로 내려오도록 천천히 미끄러지듯 몸을 내린다.
· 오른쪽으로 몸을 굴려서 일어나 앉는다.

> 척추 근육과 더불어 흉추를 들어올리고 복부를 수축시킴으로써 가슴을 열고 넓히는 법을 배운다.

> 주의 : 이 아사나는 큰베개를 벽에 맞대어 놓고 벽에 의지하여 수행할 수도 있다.

비파리타 카라니

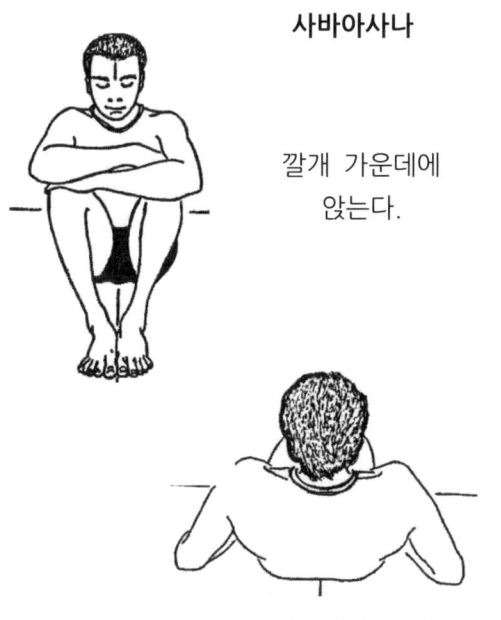

사바아사나

깔개 가운데에
앉는다.

몸통을 아래로 내려 굽힌 팔꿈치에 기댄다.

71. 사바아사나 Śavāsana

· 깔개나 담요 가운데에 무릎을 굽혀서 앉는다. 발은 바닥에 평평하게 놓는다.
· 몸통을 아래로 내려 굽힌 팔꿈치에 기대고 몸통을 바닥 위에 일직선으로 조심스럽게 내린다.
· 다리를 한 번에 하나씩 곧게 편다.
· 두 다리를 모으고, 발도 함께 모은다.
· 다리의 긴장을 완전히 풀고 발을 옆으로 늘어뜨린다.
· 팔을 뻗어 몸통 옆, 몸통과 60° 각도를 이루는 지점에 내려놓는다.
· 위팔, 팔꿈치, 손목을 돌려 손바닥이 천장을 보게 하고 손은 손가락의 가운데 관절들을 중심으로 바닥에 닿게 한다.
· 머리가 바닥에 닿는 곳은 반드시 두개골 뒤쪽 가운데가 되어야 한다. 머리가 뒤로 젖혀지면 머리 아래에 담요를 접어 넣어 받쳐야 할 것이다.
· 몸통과 팔다리를 조심스럽게 치우침이 없이 고르게 내려놓고 위의 눈꺼풀을 아래의 눈꺼풀 쪽으로 내린다. 안와 안쪽을 향해 안구의 긴장을 풀고 눈, 볼, 입술 주위를 중심으로 얼굴에 남아 있는 모든 긴장을 이완시킨다.

한 번에 하나씩 다리를 곧게 편다.

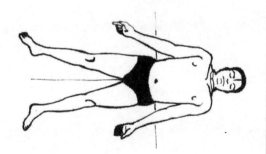

몸의 모든 근육을 각각 이완한다.

· 목구멍과 혀를 이완한다.

· 몸의 모든 근육을 각각 이완한다. 어느 곳의 살이든 단단하게 하면 안 된다. 몸이 느슨해지게
  한다. 마치 몸 전체가 바닥으로 완전히 가라앉는 것처럼 느낀다.

· 마음이 가진 본래의 활동성에 의해 마음이 산란해지는 것을 멈추기 위해 호흡을 관찰하면서
  호흡이 서서히 부드럽고 고르게 이루어지게 한다.

· 이 자세로 5~10분 동안 머문다.

· 사바아사나를 천천히 끝내고 눈을 뜬다. 무릎을 굽히고 오른쪽으로 돌아누운 다음 일어난다.
  몸을 갑자기 흔들거나 서두르면 안 된다.

> 몸의 한 부분 한 부분을 철저히 이완하는 법을 배운다. 마음을 침묵시키고 고요하게 하여
> 관여하지 않는 조용한 관찰자가 되는 법을 배운다.

> 주의 : 사바아사나와 프라나야마에 대해 더 자세히 알고 싶으면 『요가 호흡 디피카』와
> 『YOGA : A Gem for Women』을 참조한다.

누워서 하는 아사나들은 오랫동안 병을 앓고 난 뒤 회복하는 것을 돕는다. 여성들은 생리 기간에,
특히 생리통이 있거나 생리 출혈과다증이 있는 경우에 도움을 받을 수 있다. 이 아사나들은 위산
과다와 위에 가스 차는 증상을 완화시켜 준다. 천식 환자들은 호흡 과정이 개선되는 것을 느끼게
된다.

숩타 비라아사나에서는 복부와 골반 부위가 신장되고 가슴이 확장된다. 또한 굽혀서 접은 다리로
인해 다리와 척추 근육의 통증과 피로가 사라진다. 척추가 바닥 쪽으로 내려져 있지만 늘어지거나
내려앉게 해서는 안 된다. 이 자세에서는 등, 가슴, 복부에 대한 이러한 특별한 조정을 통해 적절
한 방식으로 사바아사나로 나아갈 수 있으며 마음을 몽롱한 상태나 동요하고 산란된 상태에 빠지
지 않게 하면서 심신을 이완시킬 수 있다.

웃자이 프라나야마 Ujjāyī Prāṇāyāma I & II

의식적으로 휴식하고 이완하면서 고요해지는 것을 배우면, 호흡이 드러남에 따라 느껴지는 호흡의 운동에 의해 프라나야마를 위한 첫 번째의 기초적인 준비를 할 수 있게 된다. 들숨과 날숨은 정상적이며 부드럽고 느린 상태를 유지한다. 이것이 웃자이 프라나야마 I 이다. 시간이 지나면 들숨은 위의 호흡과 차이가 없지만 날숨은 정상 호흡보다 더 깊고 부드러우며 순조로워지게 된다. 이로써 지각 기관과 마음은 그 근원을 향해 내면에 이르게 된다. 이러한 형태의 호흡, 즉 정상적인 들숨과 깊은 날숨을 일러 웃자이 프라나야마 II 라고 한다. 이렇게 하여 초보자들은 프라나야마 — 아스탕가 요가의 네 번째 가지 — 를 위한 기초를 쌓게 된다.

기초 과정에 있는 초보자들을 위한 강의안은 여기에서 끝난다.

매일 얼마동안 수련해야 하는지 의문을 가질 수도 있을 것이다. 구루지는 이런 질문에 여러 번 대답하였다. 질적인 면을 중시하는 수련이 양적인 면을 중시하는 수련보다 더 낫다. 각각의 아사나에서 모든 부분이 교정될 수 있다. 행하고 있는 아사나의 이유, 본질, 방법에 대해 주의를 기울일 수 있게 되어야 한다. 초보자에게는 아사나의 질이 아사나의 지속 시간보다 더 중요하다. 하나의 아사나를 행하는 데 걸리는 시간은 20초~30초를 넘지 않을 것이다. 그러나 살람바 시르사아사나, 살람바 사르반가아사나, 할라아사나, 파스치모타나아사나, 앉아서 하는 아사나, 사바아사나와 같은 아사나와 제14부에서 언급한 아사나들에서는 3분~5분 정도 머물 수 있다. 살람바 시르사아사나를 제외하고, 아사나를 두세 번 반복하는 것이 더 좋은 효과를 얻게 한다. 그러므로 여기에서 제시한 프로그램은 초보자에게 있어 45분~50분 이상 시간이 걸리게 하지 않을 것이다. 다시 말해 시간 사정에 따라 수련을 2회로 나누어 할 수도 있고, 나아가 완전한 1주 프로그램으로 분할할 수도 있다. 의지력이 강하지 않은 사람은 처음에는 일주일에 한 번 수련하고, 그 다음에 두 번, 나중에 하루걸러 한 번 수련해도 좋다. 수련에 익숙해졌을 때 매일 규칙적으로 할 수 있다. 지나치게 많은 아사나를 하겠다는 생각으로 마음에 짐을 지우지 말라. 시간이 많이 걸리는 수련이라는 압박감을 느껴서도 안 된다. 자유로운 마음으로 수련을 시작하라.

> 수련생들은 흔히 모든 아사나를 하면서도 거꾸로 하는 아사나는 빠뜨리는데, 이는 결코 용납할 수 없는 잘못된 일이다. 거꾸로 하는 아사나는 아사나 수행의 중추라 할 수 있다. 시간이 부족하여 다른 아사나는 빠뜨리더라도 거꾸로 하는 아사나를 규칙적으로 수련하는 것을 빠뜨려서는 안 된다. 다만 여성인 경우 생리 기간 중에는 행하지 않는다. 거꾸로 하는 아사나는 신체의 신진대사를 조절하고 혈압이 높아지는 것을 억제하며 포도당 수치와 화학적 균형을 유지시킨다. 또한 정서적 안정을 얻게 하고 지성 중추를 자극하며 마음을 상쾌하게 해 준다.

초보자의 경우, 이 단계에서 그의 지성의 작용은 신체의 운동성, 유연성, 균형에만 한정되어 있으므로 정확함이 그다지 중요하지 않다. 그러므로 기술적 사항에 있어 그렇게 정확하고 깊이 들어갈 필요는 없다. 초보자는 아사나로 들어갈 때까지 동작을 시작하는 지점에서부터 배우기 시작하는 것이다.

그는 아사나를 목표로 하고 있다. 그에게 있어 이것은 수행의 여정이다. 이러한 부류의 수련생들을 '초보자'라 부른다. 이들은 아람바아바스타 단계에 있으며, 진정한 여정을 앞에 두고 있다.

아사나로 들어가는 동안 마음은 생기에 넘친다. 일단 아사나가 행해지면 성취의 기쁨에 젖어 아사나를 시작할 때와 같이 마음을 통제하면서 아사나를 푼다는 것을 잊게 된다. 그러므로 아사나를 풀기 위한 평정한 마음 상태를 개발해야 한다.

아사나를 행하는 동안 몸과 마음의 모든 에너지는 그 방향으로만 흘러야 한다. 일단 아사나를 배워서 그 아사나에 머물 수 있게 되면 집중되었던, 혹은 목표로 삼았던 에너지가 발산되기 시작하는데, 이 발산된 에너지를 적절히 흐르도록 유도하지 않을 경우 불균형의 느낌이 생겨난다. 발산된 에너지가 적절히 흐르지 않고 흩어진다면 수련생들은 이런 말을 하기 시작한다. "아! 왜 여기는 아픈데 저기는 아프지 않을까? 왜 여기는 뻗어지는 느낌이 있는데 저기는 그 느낌이 없을까?" 아사나에 대한 이런 깊은 생각은 더 이상 여러분이 초보자가 아니라는 것을 뜻한다.

이러한 질문에는 수련에 무언가 잘못된 점이 있다고 말하는 것으로 쉽게 대답할 수 있다. 그러나 정확하게 말하자면 통증과 불균형의 느낌은 잘못된 수련 때문에 오는 것이 아니다. 이와 반대로 그것은 에너지의 흐름을 느끼기 시작했기 때문이다. 즉 자신의 몸에 존재하는 불균형을 깨닫기 시작한 것이다.

여러분은 에너지를 들여서 아사나를 배운다. 그 보상으로 생성된 에너지는 아사나를 행하는 데 활용되어야 한다. 그때 여러분은 아사나를 통해 더 좋은 효과와 더 많은 이해력을 얻을 수 있다. 진정한 배움이 시작되는 것이다. 정확성은 에너지를 올바르게 사용하기 시작할 때 뒤따라온다. 아사나에 에너지를 쏟아 넣어 더 잘하는 방법을 배워 평온함, 균형, 그리고 안정성을 얻을 수 있게 하라.

두 번째로 흔히 하는 질문은 아사나를 행할 때 호흡은 어떻게 해야 하는 것인가이다. 이론적으로는 정상적인 호흡을 권장한다. 처음에는 숨을 멈추고 있지 않은지 확인해야 하며, 그 다음에는 호흡에 집중하는 대신 아사나의 기술적인 부분에 집중해야 한다. 호흡에 집중하는 것은 아사나에 어느 정도 숙달된 뒤에만 가능하다. 초보자에게 호흡에 집중하라고 요구하는 것은 잘못 지도하는 것이다. 사람들은 종종 호흡에 집중하기보다 호흡을 함부로 다룬다. 실제로 신체의 각 부분에 에너지를 주는 방법에 대한 이해가 없는 지도자들은 올바르게 유도되지 않은 그릇된 호흡에 집중하라고 할 것이다. 덜 구워진 그릇에 물을 부으면 어떻게 되겠는가? 항아리는 금이 가서 깨지게 될 것이다.

이와 비슷하게 단련이 덜 되었거나 전혀 안 된 몸으로 무리한 호흡을 하면 신경에 손상을 주게 될 것이다. 이러한 이유로 초보자에게는 호흡이 아니라 아사나의 기술적인 수행에 집중할 것이 요구된다. 또 이와 유사하게 초보자의 경우 프라나야마 수행은 웃자이 I과 II에만 국한되어야 한다.

여기서 초보자를 위한 『초급 아헹가 요가』를 끝맺는다. 요가의 여정에 나선 초보자로서 이제 여러분이 배워야 할 것이 얼마나 많은지 알기를 바란다. 상서롭고 좋은 시작은 최고의 결과를 향하도록 이끌어 준다. 천천히 꾸준하게 하면 경주에서 이기게 된다. 초보자로서 우리의 임무는 꾸준하고 확고한 마음으로 수련을 계속하는 것이다.

파탄잘리Patañjali께 드리는 기도

yogena cittasya padena vācāṁ
malaṁ śarīrasya ca vaidyakena
yopākarottaṁ pravaraṁ munīnāṁ
patañjaliṁ prāñjalirānato' smi
ābāhu puruṣākāraṁ
śaṅkha cakrāsi dhāriṇam
sahasra śirasaṁ śvetaṁ
praṇamāmi patañjaliṁ

제 10 장 : 학습과 수련의 순서

이 마지막 장에서는 지금까지 책에서 설명한 아사나들을 배우고 수련할 수 있는 순서를 제공한다. 매주 수련해야 할 아사나와 순서를 아래에 제시해 두었다. 특정 아사나에 대해 빈 칸이 있을 경우 이것은 그 주에는 그 아사나를 수련할 필요가 없음을 나타낸다. 같은 아사나에 해당하는 칸에 두 개의 숫자가 있을 경우 이것은 그 아사나를 두 번 수련해야 함을 나타낸다. 예를 들면 7주째의 파스치모타나아사나에 해당하는 칸의 17, 19는 7주에는 파스치모타나아사나를 17번째는 물론 19번째에도 수련해야 함을 나타낸다. 이것은 개별 아사나의 수련이 아니라 일련의 아사나 그룹으로 이루어진 통합된 수련으로 수련생들에게 바람직한 효과를 얻게 하므로 일람표에 적힌 대로 아사나의 순서를 유지하는 것이 중요하다.

순서	아사나	주							
		1주	2주	3주	4주	5주	6주	7주	8주
1	사마스티티	1	1	1	1	1	1	1	1
2	우르드바 하스타아사나	2	2			2			
3	우르드바 바당굴리아아사나	3	3	2	2	3	2		
4	나마스카라아사나	4	4			4			
5	우르드바 나마스카라아사나-우르드바 하스타아사나에서	5	5			5			
6	파스치마 받다 하스타아사나					6	3		
7	고무카아사나					7	4		
8	파스치마 나마스카라아사나					8	5		
9	브륵샤아사나			3		9	6		
10	우티타 하스타 파다아사나	6	6			11	8		
11	파르스바 하스타 파다아사나	7	7			12	9		
12	우티타 트리코나아사나	8	8	4	3	13	10	2	2
13	비라바드라아사나 II		9	5	4	14	11	3	
14	우티타 파르스바코나아사나		10	6	5	15	12		3
15	비마나아사나				6	16	13	4	
16	비라바드라아사나 I				7	17	14		4
	몸통 돌리기			7					
	몸통 돌리기와 다리 굽히기								
17	운카타아사나			8	9	10	7		
	벽을 마주 보고								5
	등을 벽에 기대고								

순서	아사나	주							
		1주	2주	3주	4주	5주	6주	7주	8주
18	파리브리타 트리코나아사나							5	
	왼손을 오른발 안쪽에 놓고								5
	왼손을 오른쪽 발목 위에 놓고								
19	아르다 찬드라아사나						15	6	6
20	파르스보타나아사나						16		
	손을 허리에 엊고 등을 오목하게 하여 서기	9	11						
	손 내리고 머리 낮추기		12	9	10				
21	프라사리타 파도타나아사나					18			
	등을 오목하게 하기	10	13						
22	아도 무카 스바나아사나					19	17	12	12
23	우타나아사나				11			7	7
	받다 하스타 우타나아사나		10						
	등을 오목하게 하기					20	18		
	두 발 모으고 등을 오목하게 하기						19		
24	파당구쉬타아사나					21	20	8	8
25	비라아사나							9	9
26	파르바타아사나 – 비라아사나에서							10	10
27	아도 무카 비라아사나							11	11
28	우르드바 무카 스바나아사나							13	13
29	단다아사나	11	14					14	14
	우르드바 하스타 단다아사나	12	15					15	15
	파당구쉬타 단다아사나	13	16					16	16
30	시르사아사나								
	아르다 시르사아사나							20	20
31	아르다 할라아사나								
	바닥에서 발을 들어올려 벽에 대기		17	11	12	22	21		
32	에카 파다 사르반가아사나				13	23	22	22	22
33	살람바 사르반가아사나					24	23	21	21

순서	아사나	주							
		1주	2주	3주	4주	5주	6주	7주	8주
34	숩타 코나아사나							23	
35	할라아사나					25	24	24	23
36	카르나피다아사나					26	25	25	
37	파스치모타나아사나	14	18	12	14	27	26	17,19,26	17,19,24
38	자누 시르사아사나							18	18
39	세투반다 사르반가아사나			13	15				
40	사바아사나	15	19	14	16	28	27	27	25

순서	아사나	주							
		9주	10주	11주	12주	13주	14주	15주	16주
1	사마스티티	1	1	1	1	1	1	1	1
2	우르바 하스타아사나	2		2					
3	우르드바 바당굴리아사나		2		2				
4	우티타 트리코나아사나	3	3	3	3	2	2	2	2
5	비라바드라아사나 II	4	4	4	4				
6	우티타 파르스바코나아사나	5	5	5	5	3	3	3	3
7	비라바드라아사나 I		6		6	4	4	4	4
8	비라바드라아사나 III		7	6	7		5	5	
9	아르다 찬드라아사나	6		7	8		6	6	
10	파리브리타 트리코나아사나					7	7	7	
11	비마나아사나					8	8		
12	우타나아사나	7	8	8	9		11		
13	파르스보타나아사나	8	9	9	10	9			
14	프라사리타 파도타나아사나	9	10	10	11	10	10	10	10
15	우파비스타 코나아사나	10	11	11		17	19	17	19
16	스바스티카아사나	11	12		12				

순서	아사나	주							
		9주	10주	11주	12주	13주	14주	15주	16주
17	파르바타아사나 - 스바스티카아사나에서	12	13	12	13				
18	비라아사나	13	14	13					
19	파르바타아사나 - 비라아사나에서						16		16
20	숩타 비라아사나						17		17
21	받다 코나아사나					15	18	15	18
22	숩타 받다 코나아사나					16		16	
23	고무카아사나				14				
	다리만 자세를 취함	14	15						
24	바라드바자아사나 I			15	14	18	20	18	20
	다리만 자세를 취함	15	16						
25	살람바 시르사아사나			16	15	19	21	19	21
	우르드바 프라사리타 에카 파다 시르사아사나	16	17						
26	아도 무카 스바나아사나	17	18	17	16	11	11	11	11
27	우르드바 무카 스바나아사나	18	19	18	17	12	12	12	
28	차투랑가 단다아사나					13		13	13
29	단다아사나					14	13	14	14
30	살람바 사르반가아사나	19	20	19	18	20	22	20	22
31	에카 파다 사르반가아사나	20		20	19				
32	숩타 코나아사나		21	21	20				
33	할라아사나	21	22	22	21	21	23	21	23
34	카르나피다아사나	22	23		22	22	24	22	24
35	숩타 파당구쉬타아사나					23	25	23	25
36	우르드바 프라사리타 파다아사나	23	24						
37	파리푸르나 나바아사나			23	23		15		15
38	자누 시르사아사나	24	25	24	24	25	27	25	27
39	파스치모타나아사나	25	26	25	25	24,26	26,28	24,26	26,28
40	사바아사나	26	27	26	26	27	29	27	29

순서	아사나	주							
		17주	18주	19주	20주	21주	22주	23주	24주
1	사마스티티	1	1	1	1	1	1	1	1
2	우르드바 하스타아사나	2		2		2	2	2	2
3	우르드바 바당굴리아아사나	3		3		3	3	3	3
4	고무카아사나	4	4	4	4				
5	파스치마 받다 하스타아사나	5	5	5	5				
6	파스치마 나마스카라아사나	6		6					
7	브륵샤아사나	7	13	7	7	4	8		7
8	울카타아사나	8		8	8				
9	우티타 트리코나아사나	9	9	9	9	5	4	4	4
10	비라바드라아사나 II	10	10			6	5	5	
12	우티타 파르스바코나아사나	11	11	11		7	6	6	5
13	비라바드라아사나 I	12	12	12	10	8	7	7	6
14	비마나아사나	13							
15	아르다 찬드라아사나		14		11		8		7
16	비라바드라아사나 III		15	13	12		9		8
17	파리브리타 트리코나아사나		16	14		9		8	
18	파리브리타 파르스바코나아사나 - 비마나아사나		17	15		10		9	
19	파르스보타나아사나	14	18	16	13	11		10	
20	프라사리타 파도타나아사나	15	19	17	14	12		11	
21	우타나아사나	16	20	18	15	13	10	12	9
22	파당구쉬타아사나	17	21	19	16		11		10
23	아도 무카 스바나아사나	18	22	20	17	14		13	
24	수리야 나마스카라	19	23	21	18				
	사마스티티								
	나마스카라아사나								
	우르드바 하스타아사나								
	우타나아사나								
	아도 무카 스바나아사나								

순서	아사나	주							
		17주	18주	19주	20주	21주	22주	23주	24주
	우르드바 무카 스바나아사나								
	차투랑가 단다아사나								
	우르드바 무카 스바나아사나								
	아도 무카 스바나아사나								
	우타나아사나								
	우르드바 하스타아사나								
	나마스카라아사나								
	사마스티티								
25	비라아사나	20	24	22	19	15	12,17	14	11
26	파르바타아사나 - 비라아사나에서	21		23			18		19
27	고무카아사나		25		20	23	19	22	20
28	파리가아사나	22	26	24		16		15	
29	살람바 시르사아사나	23	27	25	21	24	20	23	21
30	바라드바자아사나 I -의자 위에서					28		27	
	잡지 않고 하기	24	28						
	잡고 하기			26	22				
31	단다아사나	25	29	27	23	17	13	16	12
32	우르드바 하스타 단다아사나					18	14	17	13
33	파당구쉬타 단다아사나					19	15	18	14
34	우파비스타 코나아사나	26		28		35	17,33	34	16,34
35	파당구쉬타 우파비스타 코나아사나	27		29		20		19	
36	받다 코나아사나	28		30			16		15
37	스바스티카아사나	29		31		21		20	
38	파르바타아사나 - 스바스티카아사나에서		30		24	22		21	
39	파스치모타나아사나	30	31	32	25	31	30	30	30
40	자누 시르사아사나	31	32	33	26	32	31	31	31
41	트리앙가 무카이카파다 파스치모타나아사나	32	33	34	27	33	32	32	32
42	마리챠아사나 I			35	28	34		33	33
43	아도 무카 우파비스타 코나아사나	33		36	29				
44	파리푸르나 나바아사나		34		30				

순서	아사나	주							
		17주	18주	19주	20주	21주	22주	23주	24주
45	파스치모타나아사나	34,41	35,41	37,41	31,38				
46	숩타 받다 코나아사나	35		38					
47	숩타 비라아사나		36		32				
48	살람바 사르반가아사나	36	37	39	33	25	21	24	22
49	에카 파다 사르반가아사나	37					22		23
50	파르스바이카 파다 사르반가아사나		38		34		23		24
51	아르다 할라아사나						24		25
52	할라아사나	38	39	40	35	26	25	25	26
53	카르나피다아사나	39			36		26		26
54	숩타 코나아사나	40		40			27		27
55	파르스바 할라아사나		40		37	27	28	26	28
56	바라드바자아사나 I					29	29	28	29
57	바라드바자아사나 II								
	다리만 자세를 취함					30		29	
58	비파리타 카라니					36		35	
59	사바아사나	42	42	42	39	37	34	36	35

순서	아사나	주			
		25주	26주	27주	28주
1	사마스티티	1	1	1	1
2	우르드바 하스타아사나	2		2	
3	우르드바 바당굴리아아사나	3		3	
4	고무카아사나	4	2	4	2
5	파스치마 나마스카라아사나	5	3	5	3
6	브륵샤아사나	6		6	
7	웃카타아사나	7	4	7	4
8	우티타 하스타 파다아사나	8	5	8	5

순서	아사나	주			
		25주	26주	27주	28주
9	파르스바 하스타 파다아사나	9	6	9	6
10	우티타 트리코나아사나	10	7	10	7
11	비라바드라아사나 II		8		8
12	우티타 파르스바코나아사나	11	9	11	9
13	비라바드라아사나 I	12	10	12	10
14	아르다 찬드라아사나	13		13	
15	비라바드라아사나 III	14		14	
16	파리브리타 트리코나아사나	15	11	15	11
17	파리브리타 파르스바코나아사나 – 비마나아사나	16	12	16	12
18	파리가아사나	17	13	17	13
19	파르스보타나아사나	18	14	18	14
20	프라사리타 파도타나아사나	19	15	19	15
21	우타나아사나	20	16	20	16
22	파당구쉬타아사나	21	17	21	17
23	아도 무카 스바나아사나	22	18	22	18
24	수리야 나마스카라	23		23	
	주의: 능력에 따라 반복한다.				
	사마스티티				
	나마스카라아사나				
	우르드바 하스타아사나				
	우타나아사나				
	아도 무카 스바나아사나				
	우르드바 무카 스바나아사나				
	차투랑가 단다아사나				
	우르드바 무카 스바나아사나				
	아도 무카 스바나아사나				
	우타나아사나				

순서	아사나	주			
		25주	26주	27주	28주
	우르드바 하스타아사나				
	나마스카라아사나				
	사마스티티				
25	우르드바 무카 스바나아사나	24	19	24	19
26	다누라아사나	25	20	25	20
27	살라바아사나	26	21	26	21
28	우스트라아사나	27	22	27	22
29	아도 무카 스바나아사나	28	23	28	23
30	파르바타아사나 - 스바스티카아사나에서	29	24	29	24
31	파르바타아사나 - 비라아사나에서	30	25	30	25
32	바라드바자아사나 I	31	26	31	26
33	바라드바자아사나 II	32	27	32	27
34	숩타 파당구쉬타아사나 I & II	33	28	33	28
35	살람바 시르사아사나	34	29	34	29
36	살람바 사르반가아사나	35	30	35	30
37	에카 파다 사르반가아사나		31		31
38	파르스바이카 파다 사르반가아사나		32		32
39	아르다 할라아사나		33		33
40	할라아사나	36	34	36	34
41	카르나피다아사나		35		35
42	숩타 코나아사나		36		36
43	파르스바 할라아사나		37		37
44	파스치모타나아사나	37	38	37	38
45	사바아사나	38	39	38	39

▌저 자▐

저자 **기타. S. 아헹가**는 B.K.S. 아헹가 선생의 딸로 아헹가 선생이 은퇴한 후 실질적으로 인도 아헹가 요가 연구소(RIMYI)를 이끌었고, 아헹가 선생 사후 5년 뒤 2019년 Pune에서 열린 Yoganusasanam을 성공적으로 완수하고 이튿날 타계하셨다. 현재 인도 아헹가 요가 연구소는 아헹가 선생의 외손녀가 이끌고 있다.

▌역 자▐

현천스님은 대학시절 요가에 입문했으며 백양사 승가대학에서 수학 후, 동국대학교 불교대학원과 서울 불학승가대학원을 졸업했다. 백담사 무문관(3년 결사) 및 봉암사, 해인사, 범어사, 통도사, 불국사 선원 등에서 10여 년 안거, 참선하였고, 제9교구 동화사 교무국장, 전국 선원 수좌회 통일분과위원장, 조제종 기본선원 교선사, 조계종 교육원 '수행과 요가' 강사 등을 역임했다.
여러 선방에서 좌선하다 문득 해탈 도구로 육신의 중요성을 느끼고 인도의 여러 수행처에서 요가를 배웠다. 특히 인도의 아헹가 요가 연구소(RIMYI)에서 최고급 과정을 20년 동안 10여 차례 수료하고, 'Advanced Level'을 취득했다. 현재는 禪 수행 도량인 파주 만월산 유가선원(사단법인 한국 아헹가 요가 협회)에서 요가 지도자 배출에 역점을 두고 있으며 또한 학생들 및 군장병들에게 무료 요가 교실을 운영하고 있다. 이런 노력으로 국무총리상, 대구시 교육감상, 동국대학교 총장상 등을 수상했다.
저서로 『현대인을 위한 요가(USB 동영상 초급 2편 각 55분, 중급 2편 각 60분 포함)』 역서로 요가의 고전으로 불리는 『요가 디피카』와 『요가(완전한 건강의 길)』『아헹가 행법 요가』『요가 호흡 디피카(공역)』『요가 수행 디피카』『초급 아헹가 요가(공역)』『요가 수트라』『아헹가 임산부 요가』『요가와 스포츠』 등 10여 권이 있다.

이기하 교수는 세종대학교 무용과, 미국 UCLA 대학원 무용과를 졸업(최종 학위 MFA)하고, 전 UCLA 무용과 강사를 역임했다. 현재 Los Angeles Vally 대학교 무용과 교수로 재직하고 있다. 미국 공인 아헹가 요가 중급(Intermediate Level) 자격증을 보유하고 있다.